KB055519

協働学習の授業デザインと実践の手引き

韓国の日本語教育の現場から

協働学習の授業デザインと実践の手引き

韓国の日本語教育の現場から

韓国協働実践研究会 編著

學古房

推薦のことば

　本書は、韓国における日本語教育の協働学習(ピア・ラーニング)をテーマとした実践研究のための最初の専門書となると思います。これまで韓国の日本語教育において協働学習に取り組んでこられた実践者や研究者にとっても、これから取り組んでみようと考えている方々にとっても有用性の高い書だと思います。また、グローバル社会を見据えた東アジアの教育改革の動きの中で、日本語教育はもとより、韓国の小・中・高・大学など学校教育全般、あるいは社会の様々な学びの場のあり方にも影響を及ぼす可能性を持つ本になることが予想されます。

　そこで、本書の出版を実現した「韓国協働実践研究会」設立の経緯について、やや私の私見に偏るかもしれませんが、ここで簡単にご紹介します。

　私と日本の研究仲間たちが初めて韓国の日本語教育に協働学習(ピア・ラーニング)を提案したのは、2008年夏に釜山外国語大学を会場として開催された「第7回・日本語教育国際研究大会」のときでした。私と舘岡洋子さんが日本で『ピア・ラーニング入門・創造的学びのデザインのために』(2007年)を出版して間もない時期でした。このときの大会には、舘岡洋子さん、金孝卿さんと私の3人は、ピア・ラーニングをテーマとした研究内容を各自ポスター発表しました。当日の会場では、私たちが事前に要望したように3つのポスターが連続して貼られたところで発表することができました。この要望には私たちなりの意図がありました。当時の韓国日本語

4

教育では「ピア・ラーニング」はほとんど知られていなかったので、なんとかこの機会にできるだけ多くの方々に関心をもっていただくための私たちなりの作戦だったのです。ところが意外なことに、この学会には韓国側から「ピア・ラーニング」の口頭発表が1本ありました。発表者は韓国弘益大学の日本人教師の倉持香さんでした。この時期、倉持さんは同徳女子大学でピア・ラーニングの博士研究に取り組んでおられました(2011年博士号取得)。この会場での出会いから、私は倉持さんと研究を通じて親しくなり、この後に「韓国協働実践研究会」の代表者になっていただきました。韓国協働実践研究会のメンバーたちは定期的に勉強会を開催し、研修会も次々と企画実施されました。日本からも私や舘岡洋子さん、金孝卿さん、トンプソン美恵子さん、房賢姫さんが講演やワークショップ開催などのかたちで協力したこともあります。また、韓国協働実践研究会の推薦で、私は2013年「韓国日語教育学会」の特別講演講師として招聘され、つづく2014年には舘岡洋子さんも同学会の講演者として招聘されました。このように、韓国協働実践研究会は、韓国日本語教育学会という大きな組織とのつながりをもちながら、非常に活発に協働学習(ピア・ラーニング)を発展させてきました。現在は2年前にドイツに移住された倉持さんに代わり梨花女子大学の金志宣さんが代表を引き継がれ、他の委員の方々とともにますます研究会の発展にご尽力くださっています。実は、現代表の金志宣さんは、私とは大学院時代の同期生です。私たちは学生時代には、お互いの研究について語り合ったり、協力しあったり、研究活動をともにしてきた関係です。つまり、金志宣さんは韓国人日本語教育関係者の中で、もっとも早い時期から協働学習を知り、理解していた方だといえます。今では、金志宣さ

んは韓国のピア・ラーニング研究の第一人者と言っても過言ではないでしょう。金志宣さんは近年、次々と新たなアプローチによる協働実践研究を国内外に発表されています。

　本書は、こうした経緯をもつ韓国協働実践研究会メンバーが中心となって、グローバル社会を見据えた韓国の日本語教育の一方向を示唆する「協働学習」について、その基盤理論と実践の内容を編集した本です。日本語教育のみならず、多くの教育実践研究者たちが、本書をもとに、今後、協働学習(ピア・ラーニング)をさらに広く、深く追究すると同時に、多様な教育環境における「協働学習」の有用性を探るための貴重な専門書となることが期待されます。

2019年 9月
日本協働実践研究会 代表 池田玲子

6

本書の構成

　本書は、韓国の教育現場での協働学習に関心をお持ちの先生方に向けて書かれています。特に、「協働学習ってどんな学習？」「どんな効果があるの？」という協働学習の基本情報を得たい方を始め、「関心はあるが協働学習を授業にどう取り入れたらいいのかわからない」「自分がデザインした学習が協働学習になっているのか疑問だ」「協働学習を実践したが、期待した効果が得られない」と感じている先生方の参考になれば、という観点で構成されています。

　全体は3部構成になっており、第Ⅰ部は理論編で、協働学習にどのような効果があり、授業にどのように取り入れたらいいかを説明しています。第Ⅱ部は実践編で、既に韓国の大学で実践された各種の協働学習を具体的に紹介しています。第Ⅲ部は研究活動編で、これまで韓国で発表された協働学習実践に関する研究論文を紹介しています。また、本書の「はじめに-第二言語としての日本語教育の協働学習」と「おわりに-協働学習実践の動向と展望」は、日本語の協働学習研究の中心者である池田玲子先生と舘岡洋子先生に各々ご執筆頂きました。

　第Ⅰ部「協働学習について」は、効果的な学習になるために把握しておくべき「1.協働学習の目的と基本要素」、各種グループの長短所を踏まえて行うべき「2.グループの作り方」、初対面のメンバー同士が打ち解け合うための「3.アイスブレイク」、協働学習の

過程や結果をできるだけ客観的に評価するための基準作りを示した「4.評価」、自己の活動を振り返ることで新たな学習を生む「5.内省」からなっています。さらに、協働学習の困難や意義について執筆者が話し合った内容を「6.(座談会)教師から見た協働学習」としてまとめています。

第Ⅱ部「協働学習の実践事例」は、本書の著者達が行ってきた協働学習の事例を、「活動の概要」(学生数・レベル)、「活用教材・教具」、「活動の目標」、「活動の流れ」、「活動の留意点」、「活動をふりかえって」(学習者の意見・教師の意見)というタイトルに沿って詳しく紹介しています。ここに紹介した事例は協働学習に携わる著者達の試みであり、学習者・教師の意見を踏まえ今後も改良の余地がある活動です。従って、これらの事例をヒントにして、諸先生方が独自の活動を開発して頂ければ幸いです。

第Ⅲ部「協働学習の実践研究」は、実際に韓国の大学ではどのような協働学習が行われているのかを把握できるように研究論文を手掛かりに、教育機関別、活動別に整理しています。協働学習実践の現状把握のみならず、諸先生方における協働学習のご研究に際してもご参考いただけます。

最後に本書のご利用方法についてですが、協働学習について基本的な情報を得たい方は第Ⅰ部(理論編)を踏まえた上で第Ⅱ部(実践編)以降をお読みいただくことをお勧めしますが、協働学習の基本知識をお持ちの方は必要な部分を抜粋してお読みください。

目 次

第Ⅲ部　協働学習の実践研究

おわりに

執筆者紹介 / 239

はじめに
- 第二言語としての日本語教育の協働学習(ピア・ラーニング)

池田玲子

1. 協働学習とは

　本章では、協働学習の概念について第二言語教育としての日本語教育の視点から整理します。まずは「協働」の概念に基づいた日本語教育の「協働学習(ピア・ラーニング)」の定義と概念について、次に協働学習を支える理論について解説していきます。最後に、日本語教育の協働学習実践研究のための海外ネットワーク構築の経緯と現状についても報告します。

1.1 協働と協働学習の定義

　本節では、日本語教育の協働学習の考え方について、その主要概念要素をもとに解説します。また、協働学習とピア・ラーニングの関係、アクティブラーニングと協働学習の関係についても触れていきたいと思います。

池田・舘岡(2007)では、まず日本語教育の「協働」の主要概念要素を「対等」「対話」「プロセス」「創造」「互恵性」(2007：5~8)の5つとしました。これらの概念要素は、日本の学校教育の「協同学習」や情報科学、地域政策など他分野で議論されている「協働」の定義を考察した上で打ち出したものです。この5つの概念要素は日本語教育の協働学習の考え方を明確にするキーワードといえるでしょう。これらの概念要素をもつ学習を日本語教育の協働学習としたのです。ただし、そもそも「協働学習」は、学習者と教師の2者で構成される「教室」と呼ばれる場だけでなく、社会の様々な場でも実施されています。たとえば、企業研修や専門職者向けの研修などが討論会やワークショップといった協働的な学びの場で行われる場合もありますし、何かの社会的課題のもとに利害関係者(ステイクホルダー)が集まって協議し、新たな対策や仕組みを生み出すことを目的としたディスカッション中心の場も協働学習と呼べます。こうした多様な場において多様な参加者のもとで行われる協働的な学習をすべて「協働学習」と呼ぶとなると、日本語教育のように教室現場の実践を議論する上では混乱が生じることが懸念されました。そこで、私たちは協働学習を大枠として、その中で「教室」環境で行われる協働学習についてだけ「ピア・ラーニング」と呼ぶことにしました(池田2007)。

　では、日本語教育の協働の5つの概念要素とは、どのようなものだと理解できるでしょうか。以下では各概念についてもう少し詳しく解説していきます。

　まず、第一の要素である「対等」とは、学びの場において学び手同士の関係の位置づけを明確にしたものです。学び手同士は互いに異なる情報や考えをもつ存在であり、そうした異なりについて

は、「日本語レベル」といった一つの物差しで優劣を測れるものではないことを意味しています。つまり、学び手同士が「対等」であるというとらえ方は、彼らと個人がもつ日本語能力以外の能力も含む全ての能力を想定して、学び手個々人を対等と位置付けるものです。各自が異なる能力資質をもつからこそ、お互いが学び合うことで認識領域が拡大し、深化する可能性があるのです。

次に第二の「対話」は、学び合いの方法を意味する概念要素です。異なる学び手同士が学び合うためには、他者からは見えない考えや思いを外化する必要があります。しかし、実は自分自身も認識できていない自分の内面を認識する手段としても、他者との「対話」が有効だといわれます。ただし、協働するための対話は一度限りで終わる情報伝達行為などではなく、その時々の協働に適したプロセスを必要とします。つまり、対話の時間的経過を必要とすると同時に、対話の機会を重ねることも大切です。こうした「対話のプロセス」を通してこそ徐々に相手と自分自身が見えてきて、そこに知識情報が共有され、「創造」も生み出されていくと考えます。お互いが共有する「プロセス」、両者による対話から生み出される「創造」は、確実に学び手それぞれにとって意味のある、価値のあるものとなるはずです。これを第5の要素の「互恵性」としました。

これらの概念要素は当初は理論的考察から見出したいわば「仮の概念要素」でしかなかったのですが、その後、多くの研究者たちのピア・ラーニング実践研究によって、これら一つひとつの概念要素の存在が実証されてきています。

1.2 教育概念と教授法との混同

　これまでピア・ラーニングの意義とは、一つは<u>学び手の認知の発達に有効であること</u>、もう一つは、<u>学び合いを通じて人と人とがつながる社会的関係(環境)づくりができること</u>だとしてきました。ここ数年、私自身が行ってきた日本国内での「協働学習(ピア・ラーニング)」に関する講演や研修の場では、同じような質問を何度も受けています。それは、現場教師たちがいかに混乱しているかが伝わる質問だと思います。

　<u>アクティブラーニング、ピア・ラーニング、協働学習は同じですか、違いますか。</u>

　私の回答は「アクティブラーニングのほうが協働学習よりも広い概念領域を示し、協働学習はアクティブラーニング(溝上2016、松下2016)の枠内にあって、より具体的な概念要素を持つ教育概念ではないでしょうか。ピア・ラーニングはアクティブラーニングの範疇を絞った文脈で使われる用語だと考えます。」としたいです。

　文部科学省から日本国内の教育現場に向けて 「アクティブラーニング」が示されたのは、2012年のことでした。その後、「アクティブラーニング」は、大学教育をはじめ高等学校、中学校、小学校教育にも推進されてきました。「アクティブラーニング」は、文部科学省が大学教育の改革のための指針とした用語の一つです。今後、日本社会もさらにグローバル化することを見据えた教育の在り方として、思考力・判断力・表現力等の育成の重要性がいわれ、こうした能力は主体的・協働的な問題発見・解決の経験を通じて磨かれるものだとしています。つまり、従来の教育が第一に追

求してきた教育の量だけでなく、質の高さや深さを重視した教育だといえます。ただ、こうした改革の方向性は日本の教育現場にとっては全く新しいものではないのです。これまでにも「経験学習」や「ディスカッション型授業」など参加型学習の有効性の議論はあったからです。そのころから教室実践に「ディベート」「フィールドワーク」「プロジェクトワーク」などを積極的に採用してきた教師も少なくありません。しかしながら、そうした現場の変化は教育全体からすればほんの一部のことでしたし、継続的な発展性のあるものだったとはいえない、きわめて漸進的な部分変化としか見られないものでした。これと比較すると、近年の大規模な取り組みとしての教育転換の背景には、やはり教育を取り巻く国内外の急速な社会変化があることは間違いないでしょう。そんな中でこの「アクティブラーニング」が打ち出されたことにより、これと近い意味をもつ教育用語も引き合いに出されることになりました。そのため、多くの現場教師たちはそれらの用語の意味の違いや各定義の解釈に戸惑うことになってしまったのです。現場教師たちにとって、自分自身に経験のない新たな教育実践を迫られていることへの焦りや困惑が生じていたことが想像されます。今の自分の実践をどう変えたらいいのか、これから新たに取り組むべきは何かの具体的な答え探しに急ぐあまり、アクティブラーニングに具体的な実践方法を求めてしまうことになったのだと思います。それが、アクティブラーニング、ピア・ラーニング、協働学習は同じですか、違いますか、という質問になって出されるのでしょう。

1.3 日本語教育ピア・ラーニングと授業デザインの関係

　一方、日本語教育では10年以上前から、すでにピア・ラーニングの実践研究が始まっていました(池田1999、舘岡2001、金2008、房2011)。2007年にはピア・ラーニングの入門書も出版されています。しかし、実は、日本語教育のピア・ラーニング(協働学習)にも、今の学校教育と同様の混乱があったことは否定できません。その原因の一つには、2007年の入門書の表し方にあるのかもしれません。入門書の前半では、ピア・ラーニングの定義やこれを提案する理由として、社会の変化や学習研究の成果などを挙げています。これにつづく後半部分では、具体的な学習活動の一例として「ピア・レスポンス」と「ピア・リーディング」の章があります。前半の抽象的な解説ではわかりにくいだろうと思い、後半には実践事例を示したのですが、これがかえって読者(実践者)に誤解を生んでしまった可能性があります。つまり、ここで例示したピア・レスポンス(作文)とピア・リーディング(読解)の活動こそが「ピア・ラーニング(協働学習)」だという誤解です。

　ピア・ラーニングは作文や読解授業にのみ具現化されるものではなく、多様な授業実践を生み出すことができると私たちは考えていました。実際、私は韓国の日本語教育に作文のピア・レスポンスだけでなく、総合日本語授業の実践例を紹介したこともあります(韓国日本語教育研究・2014年29号：7—23)。さらに、他分野の教育にも日本語教育のピア・ラーニングを応用した事例も紹介してきました(日本語表現法、水圏環境教育、食品流通安全管理教育他)。このように、ピア・ラーニング(協働学習)は、多様な授業実践を生み出す際にその基盤となる学習の考え方の一つであり、その

概念にあてた教育用語なのです。

　たとえば、私は国内外の教師研修会では、ピア・ラーニングの概念を解説した後で、研修参加者に自分たちの実践してみたい授業をデザインする課題を出します。そして、教師たちがデザインしたものがピア・ラーニング授業なのかどうかを自分自身で検討してもらうのです。そのときの指標として次のような項目を掲げています。

① その活動は、学習者各自のもつもの(独自性・得意分野・特異な情報など)が活かされそうですか。
② その学習活動は、対話が欠かせないように仕組まれていますか。
③ その対話のための課題は、対話者たちが継続してかかわっていけそうですか。
④ その学習課題は、創造的な答えを見出させるタイプのものですか(決まった答えがない)。
⑤ その学習から見出された創造(物・アイディアなど)は、対話にかかわった各自にとって意味(価値)のあるものになりそうですか。

　もちろん、これらは先に定義のところで取り上げた協働の概念要素にそった指標なのですが、多様な教室環境の現場に必ずしも全てが満たされる必要はないと思います。ある教室では３つを満たしただけでも、これまでとは大きく異なる新たな実践が生み出せる場合もありますし、これ以外の観点を指標として立てたほうがいい場合もあるでしょう。重要なのは、自分がデザインした授

業が何を目的としているのかを実践者自身が明確にしているか
だと思います。自分が対象とする学習者をどのように把握して、
その学習者たちの学びのためにどのような教室環境をつくりだ
そうとしているのか。そこにどのような協働学習が考えられるの
かということだと思います。

　では、次に、協働学習がもつ学習の理念とは何か、協働学習(ピ
ア・ラーニング)とはどのような学習理論に支えられるのかにつ
いて、私がこれまで論文等で取り上げてきた5つの理論を取り上
げます。

2. 協働学習の理論背景

　本節では協働学習を支える理論として5つの理論を取り上げま
す。これらは、教育学、発達心理学、社会心理学、生態学、経営学(組
織論)といった複数の分野のものですが、いずれも人間と人間の
営みに関することに言及しているものであり、「協働学習」の学び
を通した認知の発達と社会的関係づくりという意義に通じるもの
です。

2.1 最近接発達領域(ヴィゴツキー)

　第一に取り上げるのは、発達心理学者であるヴィゴツキー
(1896～ 1934)の最近接発達領域(Zone of proximal development：
ZPD)の概念です。人間には現在の発達水準で見られる能力段階だ
けでなく、自分より知的レベルの高い人(周囲の大人や教師など)

からのわずかな働きかけによってさらに伸びる能力の段階があるという考え方です。この働きかけをするのは大人や教師だけだという解釈もありますが、佐藤(1989)は、ほぼ同レベルだとみえる仲間からも違った視点や違った発想が提供し合えるので、仲間からの働きかけがZPD領域へ到達する可能性をもつと主張しました。ヴィゴツキーのZPDの概念を佐藤の解釈で捉えるならば、ほぼ同レベルの学習者が集まった教室でのピア・ラーニングではZPD領域への発達が可能だということになります。

2.2 対話による学び(フレイレ)

　第二の理論は、フレイレの「対話による学び」の教育です。フレイレはブラジルの識字教育実践者であり研究者です。フレイレの教育理論は抑圧状況にあったブラジルの農民たちの解放を目的とした教育でした。彼の主張は、①成人教育は機械的な暗記を避けるべきである、②事象に対し批判的意識をもつべきである、③事象を俯瞰的に捉え、他の事実との関連性を追求すべきだというものでした。こうした教育の方法は対話によるものだとしたのです。このフレイレの理論をもとに、Wallerstein(1983)は南米からの移民を対象にしたアメリカESL(English as foreign Language)の教室に応用しました。これはESLでは"Problem posing"という授業方法として知られ、成人学習者が今まさに抱えている問題を教室に持ち込み、これを解決していくための言語教育方法でした。Wallersteinの問題提起学習は、1990年代には日本語教育にも応用され始めました(岡崎・西川1992、岡崎2001、池田2008)。「対話的問題提起学習」の基盤にあるフレイレの理論は、仲間同士の対話のプロセスから

学び手自身が個々を取り巻く現実を認識し、各自の課題解決のために互いに協働することが推奨されています。このように、フレイレの「対話による学び」もまた「協働学習(ピア・ラーニング)」を支える理論の一つだと考えられます。

2.3 学習Ⅲレベル(ベイトソン)

　第三はベイトソンの学習理論です。ベイトソンは「学習とコミュニケーションの階型論」において、生物の学習をゼロ学習から第Ⅳ学習まで定義しています。これを人間の教育に当てはめてみると、学習Ⅰから学習Ⅲの考え方は学校場面の教育の方法を捉える上で非常に示唆的です。ベイトソンの説明によれば、学習1とは反応一つに対し、いくつかある選択肢の中からどれか1つが特定される学習を意味しています。学習Ⅱは、1対1の対応にあった学習1に選択肢が増え、異なる区切り方の対応関係へと発展する学習を意味します。例えば、リンゴは色の課題に対して答えは「赤」となりますが、同じリンゴに対し、食物の分類の課題には「果物」も解になります。次の段階の学習Ⅲについては、これまで理解していた課題と解の対応関係が、学習Ⅱまでの領域には探せないときに起きる学習です。このベイトソンの学習1～Ⅲの定義に協働学習を重ねてみると、協働学習は学習Ⅲだといえます。協働学習が目指すのは、学び手双方が持っているものを共有した上でも解決できない課題について行う創造学習だからです。一人では到達しえない領域に他者との協働のプロセスを通じて進む学習です。このベイトソンの学習Ⅲについてはエンゲストローム(2002:179-187)が教育文脈で解釈しています。示された新しい情報

が、学習Ⅱまでの認識では矛盾するときに起きる学習Ⅲは、単なる暗記学習ではなく、理解学習でもない、「創造的学習」だと述べています。協働学習は学習Ⅲに相当するものといえます。

2.4 他者を求める欲求(マズロー)

　第四の理論は、アメリカの社会心理学者マズローの「基本的欲求階層仮説」です。当時のアメリカ心理学界は精神異常者に着目した研究が盛んだった中で、マズローは正常な人間の精神の実態を探ろうとしました。マズローの理論は、正常な人間の欲求には5段階の欲求があるという仮説として出されました。具体的には「生理的欲求」に始まり、「自己実現」を最終欲求とするものです。マズローの仮説は、次のような階層図で示されたものがよく知られています。

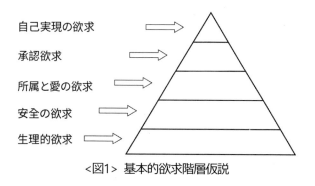

<図1> 基本的欲求階層仮説

　この図を見ると、第一段階の「生理的欲求」と「安全欲求」は、個人内で満たされる欲求レベルだと考えられますが、第三段階の「所属と愛の欲求」にいたっては他者の存在が不可欠となります。さら

に「承認欲求」では、他者の存在だけでは満足せず、自分を認める他者であることを要求します。最終段階の「自己実現」では他者の存在を不可欠とするかどうか議論の分かれるところではありますが、私は他者の存在への認識を前提とした上で自分の価値観に基づく満足を求める段階だと解釈します。

　このマズローの欲求仮説に人の学びを重ねてみると、学習行為の根源には他者の存在が欠かせないことが分かります。そもそも人は一人では生きられない存在であり、人は生まれたときから死ぬまで他者と共に社会的に生きていく存在だといわれています。この根源にある課題を学びという行為に焦点を絞って考えてみると、他者との関係の中で自分の生命維持のために行う行為がすなわち「学び」であると考えられます。自分のアイデンティティを確認し、自分が他者に承認されることで自分の存在を、肉体的にも精神的にも維持できると考えるからです。つまり、学びは他者とともに他者との関係づくりを行うための行為であり、同時に他者から自分自身を承認されたいから行う行為だといえるでしょう。マズローの人間の欲求階層仮説もまた協働学習の概念と通じているものです。

2.5 支援する教師(舘岡康雄)

　次に紹介する理論は日本の経営学に提唱された「支援学」です。舘岡(2006)によれば「支援とは互いに関係をもつ者同士がその関係性を変化させながら行為する中で、協力したり協働したりして、相手の利益となるよう助ける行動様式」としています。舘岡は、現代社会を「他者から奪ったり、他者を管理したりしても、自

分の利益を最大化できない世界」だとし、「管理」と「支援」の考え方
の本質的な違いを次のように表現しています。

　管理は自分から出発して相手を変える行動様式
　支援は相手から出発して自分を変える行動様式

　こうした「支援」の考え方は、従来の教育において学習者の学習
を全面的に管理してきた教師の役割とピア・ラーニングの教師の
役割を対称させているようにも見えます。ピア・ラーニングの教
師は、学習者がどのような自己成長を目指し、今何を学ぼうとし
ているのかを常に探りつつ、その学びのために手助けをする役割
を担います。教師側から見れば、多様な学習者の多様な学びを手
助けすることができる支援能力を発達させることが教師として
の自己成長だといえます。この「支援」の表現を借りるならば、従
来の教師は自分が設定した場所(目標)に学習者を到達させるため
に、常に彼らの学習の管理をすることが役割だったとすると、ピ
ア・ラーニングの教師は、学習者自身が設定した目標に向かって
進もうとする学習者の伴走者となり、適切なタイミングと適切な
方法で学習者を支援する役割だといえます。もちろん、この支援
学の考え方は、学び手同士の学習にも通じるものです。学び手が
主体的な学びを進めながら、同時に仲間の学びの伴走者ともなる
のです。もし、学び手が仲間の知識や情報を奪うことで自己成長
しようとする学習であるならば、仲間との関係を構築することは
なく、成長した自分を相手から承認してもらいたいという一方的
な欲求も満たされることはありません。しかし、学び手同士が互
いの知識情報を提供し合い、相手の成長のために協力し切磋琢磨

していく協働学習であれば、お互いに相手の成長を認め合うことで仲間同士の良好な社会的関係が構築され、強い信頼観と新たな共通の価値観を作り出すことができると考えられます。

以上、これまで私が国内外のピア・ラーニング(協働学習)について書いた論文や講演などの場で取り上げてきた5つの理論を紹介してみました。しかしながら、ここでの解釈はあくまで日本で実践される協働学習を前提としたものです。韓国で協働学習の実践研究を展開していく上では、これらの理論が必ずしも韓国での実践を支えるかどうかは私には確信がもてません。韓国の協働学習の実践研究を支える上では、より適合した理論が他にもあるかもしれません。

3. 日本語教育の協働学習実践研究の今後

日本語教育の協働学習の実践と研究については、2010年9月の協働実践研究会設立以来、これを本拠地として、国内はもとより海外、とくにアジアの日本語教育への展開に努めてきました。日本の「協働実践研究会」の設立は、発起人である舘岡洋子、池田玲子、近藤彩、金孝卿、岩田夏穂の5名で、ここに原田三千代、房賢嬉、齋藤ひろみ、トンプソン美恵子、広瀬和佳子、小浦方理恵、鈴木寿子の計12名が運営メンバーとなり、これまでの研究活動を進めてきました。すでに会員数は318名となっています(2018年6月現在)。

協働実践研究会は、日本語教育において協働の考え方にもとづく実践研究を進めていくことを目的として、次のような具体的な

課題を提示しました。

(1) 教師間の協働、教師と専門家との協働など、教育現場における
　　 協働の実践研究と理論構築
(2) ピア・ラーニング(教室での協働学習)の実践研究と理論構築
(3) 上述の研究を進めるためのネットワーク作り

　これらの課題のもと海外でのネットワーク構築のための活動
に取り組み、現在のところ海外の9地域に協働実践研究会が設立
されました(中国、韓国、台湾、タイ、モンゴル、キルギス共和国、
マレーシア、インドネシア、ベトナム。他にも休止中の支部があ
る)。2010年の研究会設立当初からの海外支部としては、韓国協働
実践研究会は早くから活動を開始した海外拠点の一つです。熱心
な実践研究者たちによる少人数の勉強会に始まり、ソウルでの教
師研修会の開催、そして本書の出版まで実現しています。韓国を
はじめ、海外の協働実践研究会の支部活動により、今現在も日本
語教育の協働実践研究そのものが大きく拡大化し、多様なかたち
をとって発展しつつあるといえます。日本語教育の協働実践研究
は、当初は国内の学習者だけを視野においていた「第二言語とし
ての日本語教育(JSL)」を中心に進めてきましたが、その後は、アジ
ア共通の課題と各地域独自の社会背景や教育環境を踏まえた「外
国語としての日本語教育(JFL)」の課題の追究も進めています。ま
た、海外現地の中でも協働学習(ピア・ラーニング)をテーマとし
た研究報告は増えつつあります(倉持2011、金2011、王2011、羅
2011、朱2013他)。今後、アジアにおける急激なグローバル化現象
に対応するために、日本語教育は海外各地域の協働実践研究の中

身を互いに共有し合い、各地域のメンバー同士が活発に協働する必要があると思います。協働実践研究会の海外ネットワークは、こうした社会の変化に則した日本語教育の実践研究を有機的なかたちで持続的に展開していくために有効だと思います。

　最後に私が強調したいのは、韓国の協働実践研究の理論的基盤とそれに基づく実践の発展のためには、韓国内にだけ目を向けた理論研究や実践研究にとどまらないでほしいということです。日本と他の海外地域の実践研究が持続的に協働することによってこそ、グローバル社会を背景とした今後の日本語教育全体が意義あるものとできると考えているからです。

参考文献

池田玲子(2005)「ピア・ラーニング」『新版日本語教育事典』大修館書店、pp. 775 - 776

池田玲子・舘岡洋子(2007)『ピア・ラーニング入門・創造的学習のデザインのために』ひつじ書房

池田玲子(2008)「協働学習としての対話的問題提起学習 - 大学コミュニティの多文化共生のために」　細川英雄・ことばと文化の教育を考える会編著　『ことばの教育を実践する・探求する ―活動型日本語教育の広がり―』凡人社、pp.60 - 70

池田玲子(2009)「教室の管理者から学習の支援者へ - ピア・ラーニングの教師の学び - 」水谷修監修・河野俊之・金田智子編著『日本語教育の過去・現在・未来・第2巻教師』凡人社、pp.133 - 158

池田玲子(2014)「グローバル社会におけるアジアの日本語教育への

提案 – 創造力、社会力の育成のためのピア・ラーニング」『韓国日本語教育研究』29, 韓国日本語教育学会, pp.7—23

金孝卿(2008)『第二言語としての日本語教室におけるピア内省活動の研究』ひつじ書房

舘岡洋子(2001)『ひとりで読むことからピア・リーディングへ – 日本語学習者の読解過程と対話的協働学習 – 』東海大学出版会

舘岡洋子(2008) 「協働学習による学びのデザイン – 協働的学習における「実践から立ち上がる理論」 – 」細川英雄・ことばと文化の教育を考える会編著『ことばの教育を実践する・探求する―活動型日本語教育の広がり』凡人社, pp.41 – 56

舘岡康雄(2006)『利他性の経済学・支援が必然となる時代へ』新曜社

中村和夫(1998)『ヴィゴーツキーの発達論・文化歴史的理論の形成と展開』東京大学出版会

房賢嬉(2010) 「韓国人中級日本語学習者を対象とした発音協働学習の試み--発音ピア・モニタリング活動の可能性と課題」『日本語教育』144, 日本語教育学会, pp.157-168

溝上慎一(2016) 『アクティブラーニングと教授学習パラダイムの転換』東信堂

松下佳代・京都大学高等教育研究開発推進センター編著(2016) 『ディープ・アクティブラーニング』勁草書房

パウロ・フレイレ(1990)『伝達か対話か・関係変革の教育学』(里見実・楠原彰・桧垣良子訳)東国堂

フランク・ゴーブル著・小口忠彦監訳(2007)『第三勢力・マズローの心理学』産業能率大学出版部

ヴィゴツキー著・柴田義松訳(2001)『新訳版・思考と言語』新読書社

ユーリア・エンゲストローム(2002)『拡張による学習・活動理論からのアプローチ』新曜社

倉持香(2011) 『日本語協働学習の実践に関する研究』 同徳女子大学

(韓国)博士論文

金志宣(2011) 「ピア・ラーニングにおける自律的学習能力の促進可能性 - 内省に見られる学習ストラテジーへの気づきを中心に―」『日本文化研究』38, 東アジア日本学会, pp.99-109

王文賢(2011) 『日語学習者的互助学習効果研究』中国海洋大学出版社

羅暁勤(2012)『ピア・レスポンスを中心とした実践研究・台湾の大学における日本語作文指導を例に―』致良出版社(台湾)

朱桂栄(2013) 「中国大学日語教育中的協作学習」池田玲子・舘岡洋子編著『日語協作学習・理論と教育実践』中国高等教育出版会, pp.139- 230

第 I 部

協働学習の授業づくり

1. 協働学習の目的と基本要素

何のために授業に協働学習を取り入れるのか、どうしたら協働学習を促進できるのかについて考えます。

1) 協働学習の目的

　授業に協働学習を取り入れる目的は、個々の問題への理解を深め、協働することで個人の視点を超えた解決に到達(創出)することです。教師からのイン・プット中心の授業では、「なぜ?」「どんな?」「どのように?」と学習者が問題に深く関わろうとする姿勢が弱くなりがちです。自らが問題を分析したり、推敲しながら解決を見出していく過程で理解は深まります。そして、メンバー同士が問題を巡って相互作用する中で、一人の知識・視点からは生まれにくいより適切な解決が生み出されることがあり、またそうなることが理想なのです。'理想'だとしたのは、協働学習を行っても期待した結果には至れない場合が少なからずあるからです。活動のデザイン、グループ構成、グループの人数、机と椅子の配置、フィードバックの方法、評価方法等が協働学習の活性化を阻む要因にもなり得ます。また、メンバーの個性が協働学習の様相に影響を与えることも少なくありません。ですから、長年協働学習に携わってこられた先生方は独自の経験から より効果的な協働学習を可能にするための基本要素を掲げています。

2) 協働学習の基本要素

　ここでは、協働学習の基本要素に関するいくつかの見解をご紹介します。

― D.Johnson & R.Johnson

① 互恵的な相互依存：グループの仲間が何もしないと自らも成功できない(逆も同じ)
② 個人の学習責任：学生がグループの成功に貢献する責任を公平に分担する
③ 対面して行う促進的相互交流：グループの目標達成のための対面的で促進的なインタラクション
④ 協働活動評価：グループ全体での反省会あるいは肯定的総括
⑤ 集団に対する社会的機能：小集団の中でのふるまいに関しての人間関係調整技術

― Spencer KAGAN

① 互恵的な相互依存：学習者が互いに相手の学習の促進に関わる
② 個人の責任：各学習者のすべきことが本人や他の学習者に明確
③ 平等な参加：各学習者がもれなく均等にその活動に取り組む
④ 活動の同時性：ある活動の進行中、それに参加している学習者の割合が高い

― 池田玲子

① 協働主体間の互恵性：協働する主体同士の関わりのプロセスやその成果が両者にとって意義のあるものになる
② 対等：互いの相手は自分が持っていない知識や能力をもっているという前提を認め合い、受け入れあう
③ 対話：対話によって協働の主体同士は理解しあう
④ 協働のプロセス：協働する対話のプロセス
　　創造：対等を前提として、対話を手段とする協働の営みの成果

それぞれの見解には教育環境、教育対象者等から生じる異なり
も見られますが、メンバー間の「互恵性」、グループの成功に対す
る「個人の責任」、「対面・対話」による相互交流は重複して掲げら
れている要素です。メンバー間の「互恵性」とは各メンバーの活動
や学びが他のメンバーの活動や学びを助長するように学習がデ
ザインされるということです。例えば外国語の授業で3人のメン
バーが既習の表現を駆使して、A(質問する) → B(答える) → C(質
問する) → A(答える) → B(質問する) → C(答える) …のような対話
を繰り返し行う活動もこれに該当します。「個人の責任」とは全て
のメンバーが活動に関わる何等かの責任を持ち傍観者ではいら
れないということで、全員がグループ活動の結論や成果をクラス
全体に発表・還元する責任を担っているということです。
　関田一彦氏は上述のD.Johnson & R.JohnsonとKAGANの基本原理の
共通点が①互恵的な相互依存と②個人の(学習)責任であることを
前提としつつ、両者の③④⑤の違いから D.Johnson & R.Johnsonの
定義の焦点が授業レベルであるのに対して、KAGANの定義の焦点が
授業の一場面であることを指摘しています。D.Johnson & R.Johnsonで
は③対面して行う促進的相互交流→④協働活動評価(振り返り)と
いう流れがあり、そのどちらにも⑤集団に対する社会的機能が奨
励され検討されるという授業レベルの定義をしています。一方、
KAGANでは授業の一場面の活動に③平等な参加と④活動の同時性
が保証されるべきことを定義していて、各活動(200以上あります)
がそれぞれ協働的な学びを引き出すようにデザインされていま
す(上條 2012)。我々が協働学習を取り入れる際にも、授業全体とし
て協働的学びの促進を期待するのか、一つ一つの活動において協
働的学びが保証されるようにするのかを、まず考える必要があり

ます。

　日本の日本語教育環境を踏まえて掲げられたのが池田の基本要素です。多言語多文化社会を目指す日本語教育という位置づけのもとで、異なる文化背景を持つ学習者が互いに「対等」であることを認め尊重し合うところから協働が始まります。そして異なる文化背景を持つ者同士の知識や文化が「対話」の「プロセス」を通して改めて相互に価値づけされるのが「互恵性」の保証です。他者の視点が加わる協働の過程で、以前には持ち得なかった新たな成果の「創造」が起こります。韓国の大学教育の様相も次第に多文化多言語社会へと移行していて、中国や他のアジア諸国からの留学生が以前に比べて大幅に増加しています。筆者の最近の「基礎日本語」のクラスでは40人のうち20人が中国、台湾、カザフスタンの学生が占めていました。ですから、協働学習を始めるにあたって「対等」というスタートラインに立つことの重要性を感じざるを得ません。

　さて基本原理を理解した上で、学習目的に見合った協働的な授業や活動を教師がデザインしていくわけですが、厳密な意味でメンバーに「互恵性」が生じ、各自が「平等な責任」を担い、メンバー全てで「対話」を活性化できる活動を設定することは簡単なことではありません。D.Johnson & R.Johnson(2007)では互恵的な相互依存関係を「浮沈を共にする」「運命共同体」に喩え、メンバーがその関係を自覚するように共通の目標を設定し、一つの資料を(各自に配布せず)共有させたり、各自に相互性の高い任務を割り当てたり、目標に到達できた場合には共通の報酬(成績等)を与えることを提唱しています。ですが、協働学習を行う度に成績への加算点という報酬を前提に「運命共同体」的な状況を創出することが可能なのか、可能であったとしても学習者が過度なストレスを受けたり共

通の報酬に不満を抱かないでいられるかは熟考を要する問題です。相互性の高い役割分担として上掲書では、朗読係、記録係、理解度点検係、参加奨励係、知識を深化させる係等を割り当てることを提唱していますが、それぞれの協働学習に見合う複数の役割分担を創出すること自体も容易ではありません(人数分の役割が思い浮かばずに苦労した経験が筆者にもあります)。さらに、大学生に対してここまで教師が詳細な役割を定めることが、主体的活動としての協働学習にふさわしいことなのかも考える必要があります。ですから、場合によっては「互恵性」や「個人の責任」を緩やかに捉えても構わないのではないでしょうか。外国語授業の協働学習ではメンバーに外国語能力の差があると、能力の高いメンバーに解決を依存しがちになり「互恵性」が保てない場合があります。特に韓国の大学では、良い成績を取るために中級レベル以上の日本語学習者が初級クラスを受講する場合も見受けられます。このような場合でも、能力の高いメンバーは能力の低いメンバーが納得できるよう説明する責任を、能力の低いメンバーは理解できるまで能力の高いメンバーから学ぶ責任を担い、メンバー全員が理解に至ることを目的とする協働学習があってもいいのです。能力の高いメンバーであっても教える中で知識が整理され一層明確な理解に至れる可能性もあり、厳密とはいかずとも互恵性は生じます。また、「対面・対話」による相互交流を活性化させるためには対面に適した座席配置であることや、グループの規模が大きすぎない必要があります。「対面」できるように机や椅子の位置を移動することで「対話」は活性化されますが、机や椅子が固定されている教室もあります。そのような場合は、無理をせず隣の人との2人グループで活動する方が効果的かもしれません。グ

ループの規模を少人数(2~3人)にすると、メンバーの発話機会が増え、見物人に徹することが難しくなるという利点もあります。

　以上のような協働学習の基本要素を念頭に置いて、まずは授業・活動をデザインしてください。実際の授業において不備な点が見えてきたら、その都度改善していけばいいと思います。

＜もっと知りたい方のために＞

池田玲子・舘岡洋子(2007)『ピア・ラーニング入門 - 創造的な学びのデザインのために』ひつじ書房

上條晴夫(編集代表者)(2012)『協同学習で授業を変える！』学事出版

D.Johnson ＆ R.Johnson(2007)『学生参加型の大学授業』玉川大学出版部

2. グループの作り方

> グループを作る時、何を一番大切に考えますか。グループ
> の大きさは？メンバーは何人？日本語のレベルは？どのよう
> に誰が決めたらいいと思いますか。

　協働学習(ピア・ラーニング)をする上で、どのようにグループ
を作るのかはとても重要なことです。もし、学習レベルが違いす
ぎる人同士でグループになったら？・もし、気が合わない、話が
合わない学習者が同じグループになったら？・このようなグルー
プで、一定の時間、協力して取り組まなければいけないことは学
習者にとって、とても大変で苦痛なものです。もちろん、活動の
規模や内容次第では、良い成果が出せることもあります。しかし、
前述の理由から活動がうまくいかず、学習意欲が減少したり、本
来楽しい雰囲気の中で行うグループワークがぎこちないムード
になったり、公平な役割分担ができなかったりすることも想定さ
れます。そして、このようなグループワークを経験して、グルー
プワークに否定的になってしまう学習者も多くいるでしょう。

　グループ活動に慣れていない学習者が多い或いは、様々な専攻
科目の学習者が多いクラスでは、学習者にグループ作りを任せず
に、教師が学習レベルや、専攻科目、年齢、性格などの学習者特性
を考慮してグループを作る方が、学習がスムーズに進み協働学習
に入りやすくなります。授業内容やグループ活動の内容に合わせ
て、グループ作りに工夫を加えるといいでしょう。

1) グループ作りの方法

　グループは誰が決めたらいいでしょうか。学習者が決める場合と教師が決める場合のそれぞれの良い点と悪い点を考えてみます。

　学習者が決める場合、学習者が主体的に決めることができ、学習者間の関係性を教師が把握できます。一方、メンバーの多様性が活かされず、親しい人中心のグループになってしまいます。

　では、教師が決める場合はどうでしょうか。学習レベル、専攻科目、年齢、性格などの学習者特性を考慮して決めることができ、協働学習の目的に合わせて、メンバーを決めることができます。しかし、このような利点がある一方で、学習者特性を把握するのに時間がかかったり、授業が教師主導に進められているように見えるといったマイナス点もあります。

　このように、学習者が決める場合も教師が決める場合もそれぞれ、長所と短所があります。これらをよく理解して、協働学習がしやすい環境を作る必要があります。

　では、メンバーを決める手順についてはどうでしょうか。＜表1＞で見られるように、グループは様々な学習者特性を考慮したグループと特別な基準を持たずに無作為に集まったグループの2つに分類できます。そして、学習者特性を考慮したグループでは、様々な特性をもった学習者が混ざったグループと好きなトピックや事物などの共通点を持ったメンバーのグループに分けることができます。

<表1> グループの種類

		良い点	悪い点
学習者特性を考慮した場合	異なるメンバーを集める場合	・それぞれの特性を活かした学び合いが可能になる ・様々な知識や経験が活かされお互いに補完できる ・シナジー効果によって、より良い創造が可能になる ・緊張感があり一定の規律が生じやすい	・メンバーに慣れるまでに時間が必要になる ・授業外の活動をする場合、活動に難しさが伴う
	同質のメンバーを集める場合	・違和感なくグループ活動ができる ・授業外でも集まりやすく活動しやすい	・考えが偏る場合がある ・教え合いや助け合いに限度が生じる ・知識や経験の多様性が活かされない ・緊張感が欠け、おしゃべりや遊びが生じやすい
無作為に決める場合に		・くじなどを利用して、速やかに決めることができる ・学生から見て公平に見える	・メンバーの多様性が活かされない ・協働学習の目的に合わないグループが作られる可能性がある

　<表1>で見られるように、グループの種類にも良い点と悪い点が考えられます。教師はこのような点を考慮しながら、グループ活動の目的や目標に合わせたグループを作ることが大切だと言えます。

2) グループの大きさ

　グループの人数や数は、クラスの大きさや学習課題によって、決めることができます。2名から3名のスモールグループは、活動

に入りやすく、活動しやすいと言えますが、6名以上のグループ
では円滑に行いにくくなる可能性があります。全てのメンバーが
グループ目標の達成に向かって、積極的に参加できなければなら
ないため、教師の配慮が必要です。<図1>では、相互作用の機会を
表していますが、2名より3名、3名より4名のグループが、相互作用
の機会が多くなり、6名を越えたら偏りが生じ、相互作用の機会が
減ってしまうという研究もあります(チョン・ムンソン2002)。

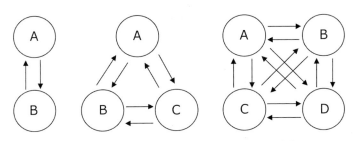

<図1>グループの規模による相互作用の機会

　3名グループでは、学習内容や課題によって、3名が共に参加す
ることができない場合が生じます。3名のグループにする際には、
全員が参加できるように、何かしらの役割を考えておくといいで
しょう。

　4名でのグループでは、初めはペアで活動し、ペアを入れ替え
ることで、活動を発展させることができます。また、ペア同士で
フィードバックし合ったり、ペアの結果物を4名で共有し合い、
さらに良い物を創ることも可能になります。

　では、6名以上の大きいグループではどうでしょうか。グループ
人数が多ければ多いほど、活動に難しさが伴い、平等な参加を促
すのが困難になると言えます。グループがうまく機能しない理由

には以下のようなことが考えられます。

　一部の学習者が自分の分担以上の仕事をするという傾向がより多く現れます。

　グループ内をうまく調整したり、率先して活動を引っ張る、いわゆるリーダー的存在がいない場合、活動がうまく進まなくなります。

　グループの中でなまけて活動しない学習者が出てきたり、無視されたりする学習者が出やすくなります。

　グループ内で、仲の良い友人と小グループを作りやすくなり、メンバー全員でのまとまりが悪くなります。

　グループの人数や数も協働学習の効果に大きくかかわってきます。

　教師は、教室の大きさ、机やいすなどのサイズ、黒板やホワイトボードの位置などの様々な教室の条件に合わせたグループ活動の内容を考え、それに伴ってグループのサイズと座席配置を考える必要があります。

3) グループ替え

　グループメンバーを学期の途中で替えたらいいのか、或いは、メンバーを替えないで、一学期間、同じメンバーのままグループ活動をするのが効果的かについては、活動内容や学習者の希望によって、決めたらいいでしょう。グループ替えの頻度は、学期途中に学習者の希望を聞いたり、グループ活動の様子を観察しなが

ら、必要に応じて行うことが望ましいです。

　黒木他(2001)では、グループメンバーを替えない固定型グループとグループメンバーを替える変化型グループについて、それぞれの利点を次のように述べています。固定型グループは、メンバー同士が一体感を感じて仲間意識を強めやすく、経験を共有するために、ともに段階を踏みながら成長する感覚が強く、相互援助の意識を育てるうえでも困難が少ないです。一方、「変化型」のグループは、参加者の顔ぶれが変わることはグループにとって刺激となり、マンネリに陥りにくいです。

　グループ替えを行うかどうかは、活動や課題の内容の難しさや複雑さ、また、グループの特色やメンバー間の関係などを教師が把握し、必要に応じてグループ替えを行うことがいいでしょう。

4) グループ作りの例

　<表2>はバークレイほか(2009)で挙げられているグループ作りの例に筆者が修正を加えたものです。ここで挙げられているだけでも様々なグループ作りがあります。それぞれの方法の特色を生かしたり、混ぜ合わせたり、或いは新しい方法によって、様々なグループを作ってみてください。

<表3> グループ作りの例

名称	方法
フリーフォーム	学習者にグループの人数を伝えて、グループを作ります。全員を起立させてグループができた学生から座ってもらいます。

名称	方法
整列	学習者を誕生日順や名前の五十音順に整列させ、グループの人数ごとに列を区切ります。
カウントオフ	グループの数を決めてから、学習者に1から順に番号を言ってもらいます。決めたグループ数の番号になったら、次の学習者に再度、1から番号を言ってもらいます。同じ番号同士でグループを組んでもらいます。
ジグソー・マッチアップ	グループの数だけ絵を用意します。それぞれの絵を想定するグループの人数と同じ数になるようににはさみで切り、シャッフルします。学習者に1枚ずつ引いてもらい、1つの絵になるように他の部分を探してもらいます。
トランプお菓子	学習者にトランプを1枚ずつ配ります。同じ数のカードを持っている学習者とグループを組みます。
文字合わせ	詩や文章を準備し、その1行を学習者にランダムに配ります。自分と同じ詩や文章をもつ他の学習者を探してもらいます。
挙手	関連した質問に手を挙げさせ、その回答によりグループを作ります。
申し込み	グループで調べる課題を提示します。課題ごとに申込所を作成し、教室の壁に貼ります。好きな課題を選んでもらい申し込みしてもらいます。
エッセイ	意見の分かれるエッセイを書いてもらい、その内容によりグループを作ります。
データーシート	学習者の特徴、専攻、履修状況などを記入してもらうデータシートを配布します。それぞれの項目を記入してもらった後、シートを回収しそのデータをもとにグループを作ります。
成績	授業時に実施したテストの成績をもとに、グループを作ります。

出所 バークレイほか(2009)、pp.35.39を参考に作成 中井俊樹他編著(2015)再引用 p110

<もっと知りたい方のために>

池田玲子・舘岡洋子(2007) 『ピア・ラーニング入門-創造的な学びの

デザインのために』ひつじ書房, p98

黒木保博、横山纊・水野良也・岩間伸之(2001)『グループワークの専門技術』中央法規出版

中井俊樹編著(2015)『アクティブラーニング』玉川大学出版部, p110

中谷素之・伊藤崇達(2013)『ピア・ラーニング学び合いの心理学』金子書房

ジョージ・ジェイコブス、マイケル・パワー、ロー・ワン・イン(2005)『先生のためのアイデアブック-協同学習の基本原則とテクニック-』日本協同教育学会

デヴィッド・ジョンソン、ロジャー・ジョンソン、カール・スミス(関田一彦監訳)(2007)『学生参加型の大学授業-協同学習への実践ガイド-』玉川大学出版部

プロジェクトアドベンチャージャパン(2005) 『グループのちからを生かす』C.S.L.学習評価研究所

安永悟(2006)『実践・LTD話し合い学習法』ナカニシヤ出版

정문성チョンムンソン(2002)『협동학습의 이해와 실천』교육과학사, p121

3. アイスブレイク

授業や協働学習を始める前に、学習者たちの緊張をほぐし、活動しやすい雰囲気を作るのがアイスブレイクです。本節では、アイスブレイクとは何かを概観し、日本語教育に取り入れやすいものを紹介します。

1) アイスブレイクとは

　どんな場であっても、初めての人たちが集まる時には誰もが緊張するものです。初回の授業では、学習者たちはこれからどんな授業が始まるのか、クラスにはどんな人達がいるのかなどを考えながら、静かに待っていることが多いでしょう。アイスブレイクとは、このような緊張した雰囲気を＜アイス＞と捉え、それを壊していく試みです。一般的に会議や講座、研修の最初などによく行われていますが、外国語の授業でも上手に使えば効果的です。

　協働学習では、ペアやグループで一緒にする活動が多いため、互いに緊張した状態ではなかなか学習がスムーズに進みません。授業の初めに、または活動の中で上手にアイスブレイクを取り入れると、楽しい雰囲気の中で学習することができるでしょう。

　ここでは、アイスブレイクの目的や取り入れ方について述べた後、よく使われているアイスブレイクの中から、外国語学習に取り入れやすいものを、レベル別、活動別に紹介していきます。

2) アイスブレイクの目的と留意点

アイスブレイクは「緊張をほぐして、その場にふさわしい雰囲気をつくる(青木、2013)」ものです。青木は、アイスブレイクの目的として以下の7つを挙げています。

1) 緊張を和らげる
2) みんなの名前を覚える
3) お互いの理解を深める
4) 眠気を覚まして集中力を高め、リフレッシュする
5) グループに分ける
6) チームワークを高める
7) 視点やメッセージを伝える

これらの目的のうちのいずれかを達成し、緊張をほぐしてその場に適した雰囲気を作るために、アイスブレイクを行います。またアイスブレイクは「①自己紹介、②他者認知(他者への関心の覚醒)、③共同作業(今村、2009：9)」という要素で構成されており、よりスムーズに協働的な活動に結びつけることを目的としています。この構成は協働での活動を基本とする協働学習にも通じます。アイスブレイクの活動を通じて、学習者たちが互いを知り、和やかで話しやすい雰囲気を感じることで、続いて行われる協働学習にも取り組みやすくなるでしょう。

ただし、進行役のアイスブレーカーは、参加者たちの気持ちの準備ができているかを十分に観察する必要があります。進行役のみが盛り上がって過剰なアイスブレイクをすることや、参加者の

聞かれたくない事柄に触れること、前触れのない身体接触を含む活動などには注意が呼びかけられています。自己開示は自ら進んでできるようなものを準備すること、参加をゆっくりと待つこと、文化的に多様な背景を持つ参加者がいる場合には、文化的価値感や慣れているスタイルなどを配慮することが重要です。マニュアル通りに行うのではなく、その場にいる人達が参加しやすいものを準備し、参加者各々のペースに合わせて参加できるように十分注意しましょう。

3) アイスブレイクの段階と種類

　今村(2014)は、アイスブレイクには三つの段階があると言っています。まず、参加者のこころをほぐして安心感を持たせ、他の参加者にも十分な関心を向けるようにする段階。次に、他人に知られても良い情報を参加者自身に発信してもらい(自己開示)、他人と円滑なコミュニケーションができるようにする段階。最後に、お互いに協力できる雰囲気をかもし出す段階です。

　協働学習においても、このような段階を踏み、最終的に学習に協力的に取り組もうという雰囲気を作ることがアイスブレイクのゴールになります。

　アイスブレイクの種類としては以下の三つが紹介されています(今村、2014)。

　1) チェーン術(輪や車座になる方法)

2) ペア術(二人で行う方法)
3) グループワーク術(6人程度の集団で行う方法)

　日本語のクラスに当てはめてみると、チェーン術はクラス全体の雰囲気を作るために授業の初めに、ペア術はペアワークをする前に、グループワーク術はグループ活動を始める前にするのが良いでしょう。

　また進行役を務めるアイスブレーカーが自ら自己開示して、参加者との関係性を作ることも非常に重要とされています。「アイスブレイクは上下関係や権力関係が存在しない出会いの世界(今村、2014)」へ参加者を迎えることから始まります。このため、語学学習でのアイスブレーカーである教師は、威厳を持った態度よりも、和やかで自己開示の進んだ態度で学習者たちを迎える方がふさわしいでしょう。

4) アイスブレイクの準備

名札の用意

　互いに名前を呼び、覚えられるように名札を準備します。レベルにより、ハングルでも日本語でも構いません。本名の他、ニックネームや呼ばれたい名前を書くこともあります。

机の配置

　教室内の机の配置は、クラス全体で行う場合はできる限り丸い形にし、グループの場合もお互いの顔が見えるように工夫します。

学習者の属性

　男女の比率や学年、先輩後輩などの関係を事前にできる限り把握しておきます。韓国の場合は、先輩や年長者を立てる文化があるので、そういったことも考慮に入れて活動を進めます。

アイスブレーカーの自己開示

　アイスブレイクを行う教師自身が、オープンな態度で自分自身についても自己開示できていることが、和やかな雰囲気作りを助け、参加者の自己開示も促します。

5) アイスブレイクの実際例

　それでは、日本語学習の中で行うことができ、協働学習で取り入れやすいアイスブレイクを紹介していきます。皆さんの教室で使いやすいものばかりですので、ぜひ取り入れてみてください。

【自己紹介のアイスブレイク】

　自己紹介のアイスブレイクは様々なものがあり、クラス全体で

も、ペア、グループでも行うことができます。また日本語のレベルによっても応用範囲が異なってきます。

はじめまして

目　　的：お互いを知る
文法項目：はじめまして。私は~です。
　　　　　どうぞよろしくおねがいします。
時　　間：10分~20分(人数による)　　人数：2人~大人数
レベル：入門~

【進め方】

① 自己紹介の表現を学習する。

② 隣の人と一緒に練習する。その際、学習者の母語で「なぜ日本語を勉強しているか」「日本語を勉強してこんなことがしてみたい」などの内容を交えて話してみるように勧めても良い。

③ 十分に表現を練習した後、席を立ち、自由に歩き回って全員と1対1で自己紹介を行う。

④ 全ての人と話したら席に着く。

⑤ 全員が着席したら、クラスにどんな人がいたか、他己紹介の形で順番に聞いていく。学習者が「はじめまして」と言った後、教師がこの人はどんな特徴がある人かを尋ねる。クラスメイトが覚えていることを話していく。内容が出尽くしたと思ったら、紹介を受けた人は「どうぞよろしくおねがいします」と言う。

【ポイント】

- 初めて日本語を学ぶクラスでは、習った文法項目以外は母語を使っても良いとすると、負担なくコミュニケーションできます。既習の項目があれば、好きなことや得意なことを軸にしても良いでしょう。
- 日本語学習のために集まったクラスなので、日本語への関心などを自己紹介の軸にすると、より共通点を探しやすくなります。
- 1対1で全員と必ず話すこと、終わってから全体で他己紹介をすることで、どんな人がいるクラスなのか把握することができ、クラスメートと話すきっかけ作りにもなります。

【アレンジ例】

☆ 全員が1対1で話す時間的余裕がない場合

　軽いボールを用意して、皆で輪になって立ちます。輪になった状態で「はじめまして、～です。どうぞよろしくお願いします」と言ってから、他の人に向かってボールを投げます。ボールを受け取った人が、次に挨拶をして、全員に回していきます。

　一人一人が話す時間は短いですが、アクティブな動きを入れることで雰囲気が活発になります。

☆ 中上級のクラス

　日本語での詳しい自己紹介が可能になっているので、少人数でじっくりと自己紹介をした後に、全体で他己紹介の形を取るのも

良いでしょう。「私を表す３つのキーワード」や「なぜ私はここにいるか？」「私のこれまで、そしてこれから」などテーマを決めると、よりそれぞれの特徴を引き出すことができます。

【初級文型の練習をしながらランダムなグループ分けにも使えるアイスブレイク】

たんじょうびはいつですか

目　　的：お互いを知る、年齢、学年の序列を崩す
文法項目：日付、〜はいつですか
時　　間：20分程度(人数による)　　人数：2人〜20人
レ ベ ル：初級

【進め方】

① 自分の誕生日の言い方を確認する。
② 教室の中で、誕生日の順に並んで輪を作ると説明する。1月生まれ、12月生まれの場所を決める。
③ 全員が席を立って、お互いに誕生日を尋ね、答える。
④ 誕生日の順番に輪を作る。
⑤ 誕生日順、誕生月などでグループ分けをし、次の活動に入る。

【ポイント】

　バースデーチェーンとして知られるアイスブレイクです。年齢を知る必要がない場合には特に誕生年は聞かず、月日だけを聞きます。

【アレンジ例】

　質問を少し変えて「血液型はなんですか」「趣味はなんですか」「どんな〇〇（映画・音楽・食べ物など）が好きですか」などを質問して血液型グループ、興味の近い人のグループ、好きなものが似ている人のグループなどを作ることもできます。次に行う活動の内容を反映させた質問を選ぶと良いでしょう。

【チームビルディングに使えるアイスブレイク】

　ある程度の期間同じグループで活動する場合には、一つの目的を持ったチームであるという認識を持てるように、チーム作りのアイスブレイクをすることが有効です。

ペーパータワー

目　　的：チームビルディング、グループの結束力を高める
文法項目：特になし
時　　間：25分程度　　人数：3人～6人程度のグループ
レ ベ ル：どのレベルでも可能

【進め方】

① グループ別に、A4の紙を10枚ずつ配る。
② この紙を使って、一番高いタワーを作ったグループが勝ちだと言う。テープ、のり、ハサミなどの道具は使ってはいけない。
③ タワーを作り始める前に、グループで相談する時間を取る。

④ 制限時間(5分)を決めて、その時間内で紙のタワーを作ることに挑戦する。

⑤ 5分の時点で、ストップし、各グループの結果を見る。

⑥ グループごとに、どのようにそのタワーを作ったのか、誰のアイディアだったのかなどを聞いていく。

【ポイント】

今村(2014)でも紹介されており、チームビルディングで比較的よく知られているアイスブレイクです。

準備物が少なく、すぐに取りかかることができます。

相談の時間と振り返りの時間を使って、グループで協働作業をする時に重要なことは何か、気づけるようにフィードバックしましょう。

同じ条件でどれだけのアイディアが出るかということがポイントです。誰のどんなアイディアが成功につながったのか、振り返りの時間にじっくり聞いてみましょう。

グループメンバーの性格やグループワークをする時の態度などが表れやすいです。教師はよく観察し、後の協働学習をサポートする際の参考にしましょう。

【アレンジ例】

同一条件のミッションを複数のグループに課して、制限時間内にクリアするという構成であれば、様々に応用することができます。

☆ 教室の外で

　特定の物(看板のひらがななど)を指定して、その物を探しに行き、写真を撮って教師に送る。最も早く送ったチームが勝ち。

<もっと知りたい方のために>

青木将幸(2013) 『リラックスと集中を一瞬でつくるアイスブレイク ベスト50』ほんの森出版

今村光章(2009)『アイスブレイク入門—こころをほぐす出会いのレッスン』解放出版社

今村光章(2014)『アイスブレイク - 出会いの仕掛け人になる - 』晶文社

國分康孝(1999) 『エンカウンターで学級が変わる - ショートエクササイズ集』図書文化

中村律子・浅見かおり・金子広幸・宮崎妙子(2005) 『人と人をつなぐ日本語クラスアクティビティ50』アスク出版

4. 評価

学びのプロセスを重視した協働学習の評価方法として「ルーブリックを活用した評価」について考えましょう。

1) 協働学習の評価

　協働学習の評価には、プレゼンテーションや実験、問題解決や完成作品など、知識やスキルをどのように使いこなしているか判断する評価や、学習過程の記録や、成果物完成までの記録など、学習の過程を評価する評価があります。また、学習者自身が自分を評価する自己評価や、学習者が自分以外の学習者を評価する他者評価、グループのメンバーを評価したり、グループ全体をまとめて評価するグループ評価、教師が学習者を評価する教師評価など、多様な視点からの評価も可能です。このような、協働学習の学びのプロセスを重視した形成的評価は、学習者自身が問題点を把握したり、その解決方法を見出す力を育成し、学習意欲や主体的な学習態度を促すといわれています。しかし、協働学習の評価は、相対評価を中心とした学習目標の達成度や、学習内容の理解度を総括的に評価する総括的評価に比べ、評価の妥当性や客観性が低いといわれています。また、学習者の中にはグループの評価が学習者個人の評価に反映されることに、不満を持つ学習者も少なくあ

りません。そのため、協働学習の評価を学校教育の成績に活用するのは難しいという意見がよく聞かれます。

2) ルーブリックを活用した評価

　ここで紹介するルービックを活用した評価法は、評価基準を明確に提示し、評価の妥当性と客観性を高めることのできる評価法として注目されています。

　ルーブリックとは、学習到達度を評価の観点、評価の基準、評価の尺度で分類した表のことです。ルーブリックは評価以外にも、評価の観点や基準を学習目標として学習者に提示したり、学習者に対し、評価結果のフィードバックの際に活用することができます。

【ルーブリックの作成手順】

① 評価対象になる成果物を集める。

② 何をどう評価するか、評価の観点・基準を決める。

③ ②を用いて、同一の成果物の評価を数人で行う。

④ ③の評価の結果を照らし合わせ、同じような評価結果を得た部分の特徴を検討し、共通の評価基準を決める。

⑤ ④を用いて別の成果物を評価し、評価の理由及び特徴について検討し、評価尺度とそれぞれの評価尺度の評価基準を決め、ルーブリックを完成する。

⑥ ⑤を用いて、いくつかの成果物を試験的に数人で評価する。

⑦ 評価の信頼性を得られるように、評価尺度や評価基準を微

調整する。

※ 評価尺度の段階は評価の目的や対象によって3~5段階とする。

【ルーブリック評価表の作り方例】

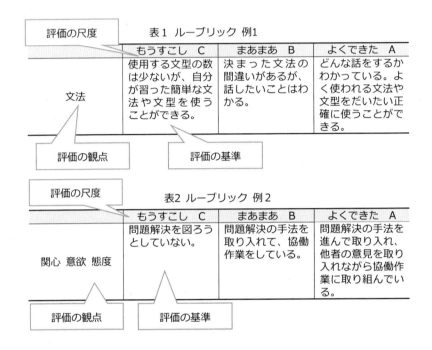

表1 ルーブリック 例1

評価の尺度	もうすこし C	まあまあ B	よくできた A
文法	使用する文型の数は少ないが、自分が習った簡単な文法や文型を使うことができる。	決まった文法の間違いがあるが、話したいことはわかる。	どんな話をするかわかっている。よく使われる文法や文型をだいたい正確に使うことができる。

評価の観点　評価の基準

表2 ルーブリック 例2

評価の尺度	もうすこし C	まあまあ B	よくできた A
関心 意欲 態度	問題解決を図ろうとしていない。	問題解決の手法を取り入れて、協働作業をしている。	問題解決の手法を進んで取り入れ、他者の意見を取り入れながら協働作業に取り組んでいる。

評価の観点　評価の基準

評価尺度：それぞれの基準が達成された場合のレベルを示すための尺度

評価の観点：学習者に身につけさせたい知識・技能・態度などを短い用語で示したもの

評価の基準：評価の観点について学習者の到達目標をより具体的に表記したもの

【ルーブリックを使用した評価の手順例】

① 評価の対象となる課題とルーブリックを学習者に提示し、評価の観点や基準だけでなく、いつ、誰が、誰の評価を、どのように行うかなど、評価に関する詳しい説明を行う。

② 課題終了後、ルーブリックを用いて自己評価、他者評価、教師評価などの評価を行う。どの評価をいつ行うかについては事前に決めておく。

③ ルーブリックの評価の観点や基準を基に、評価についてフィードバックを行う。

【ルーブリック評価活用のメリット・デメリット】

ルーブリックを用いた評価の学習者側のメリットは、評価基準が明記されているため、課題の意図や評価の基準が理解しやすいことです。また、評価によって自己の習熟度や問題点が把握できるため、次の学習目標がたてやすく、評価後に自分の習熟度を上げようという、内的動機にも繋がります。教師側のメリットは、採点基準が提示されているので、評価を点数化しやすいことや、評価の基準を基に、学習者に評価についての丁寧なフィードバックが可能であることです。また、その結果を授業改善に役立てることもできます。

デメリットは、ルーブリックの基準作成に手間がかかることと、その基準に沿って判断するとしても主観を完全に排除することが難しいことです。

3) ルーブリックを用いた協働学習の実際例

【活動例1「文法理解と説明活動」の概要】

学習者の日本語 ：初級レベル
活動内容 ：理由を表現する表現の理解
評価対象 ：文法説明と文法理解度
評価方法 ：自己評価 他者評価
時間 ：約80分

【進め方】

① ルーブリックと評価の方法について説明する。

② 各グループごとに、「~ので」、「~から」、「~て」の表現の特徴について調べる担当者を決める。

③ 各グループの表現別担当者がグループの代表として、表現「~ので」、「~から」、「~て」別に集まり、資料として準備しておいた日本語例文と韓国語訳を参考に、それぞれの表現の意味、接続方法、注意すべきことや特徴などについて話し合い、内容をまとめる。

④ 元のグループに戻って、それぞれが担当した表現「~ので」、「~から」、「~て」について話し合った内容を、グループのメンバーに説明し、全ての表現の説明一覧表を作成する。

⑤ ④を参考に、各自が「~ので」、「~から」、「~て」に関する文法問題を解く。

⑥ 各グループで、各自が解いた問題を検討し、問題点や疑問点

をまとめる。

⑦ ⑥でまとめた内容を全体で発表し、説明や解答に違いが出た
場合、全体で検討、修正する。

⑧ ①から⑦までの活動について評価する。

<図1> グループの作り方

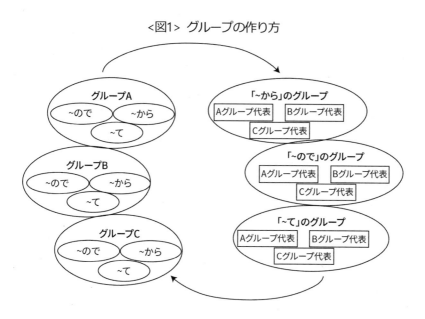

【ポイント】

ルーブリックを用いた授業の経験が少ない、1年生対象の授業
であるため、評価の観点、基準、尺度が、できるだけ簡潔なルーブ
リックを作成しました。

<表3> 文法理解と説明活動の自己評価

評価観点		評価基準	評価の尺度
文型についての説明	ので (担当者名)	わかりやすく説明できたか。	A B C D
		質問に対して丁寧に答えられたか。	A B C D
		話し合いに積極的に参加できたか。	A B C D
	から (担当者名)	わかりやすく説明できたか。	A B C D
		質問に対して丁寧に答えられたか。	A B C D
		話し合いに積極的に参加できたか。	A B C D
	て (担当者名)	わかりやすく説明できたか。	A B C D
		質問に対して丁寧に答えられたか。	A B C D
		話し合いに積極的に参加できたか。	A B C D

A とてもよくできていた。　　　　B 大体よくできていた。
C そうでない部分がいくつかあった。　　D そうとは言えない。

【活動例2「大学紹介映像を作成する」の概要】

学習者の日本語：初級後半~中級レベル
活動内容　　：日本人大学生に自分の大学を日本語で紹介する映像作成
評価対象　　：作成した映像の完成度とチームワーク、個人の日本語能力
評価方法　　：映像は他者評価、グループ活動は自己評価と他者評価、個人の日本語能力はネイティブスピーカーによる他者評価
時　　間　　：1学期間

【進め方】

① 映像編集に関する基本的技術について学習する。

② 日本の学生が、韓国の大学のどのようなことを知りたいの

かについて、日本人の学生にニーズ調査をしたり、日本の大学の大学紹介映像の内容について調査する。

③ 調査結果を基に、作成する映像の内容と活動スケジュールを作成する。

④ ルーブリックと評価の方法と、評価の基準について話し合う。

⑤ グループ別にスケジュールに沿って映像を作成する。その間、教師と日本語の発音練習を行う。

⑥ 完成した映像を発表する。

⑦ 映像の完成度、チームワーク、個人の日本語能力について評価する。

【ポイント】

・評価基準の表だけではなく、サンプル動画などを用いて、どのような場合にどのような評価になるかなど、ルーブリック理解のための細かい説明と質疑応答の時間を持ちました。

・本発表の完成度を上げるために、完成前に一度公開し、映像について質疑応答の時間を取るなど、問題点の発見や、動機付けを促しました。

・グループ活動の評価や他者評価は人間関係の影響が出てしまいやすいので、評価の前に学習者に公正に評価することの必要性について、再度説明しました。

・評価についての認識や理解を深めるために、評価の基準や評価方法、点数配分について、学習者の意見を取り入れました。

<表4> 大学紹介映像の評価表

評価観点	評価基準	評価の尺度
わかりやすさ	何を紹介したいのか、また説明の内容がわかりやすい。	A・B・C・D
アイデア・個性	グループだけのアイデアや工夫がなされている。	A・B・C・D
編集	映像の編集や流れが自然である。	A・B・C・D
編集	イントロ、エンディングなど映像の構成、時間配分が適当である。	A・B・C・D
音声	雑音の処理や、音声処理が適当で聞きやすい。	A・B・C・D
字幕	字幕の位置、大きさ、色、フォント、タイミングが適当である。また誤字脱字等がない。	A・B・C・D
チームワーク	イントロの映像の中のグループ紹介や映像作成についての説明を見て、協力し合う姿勢が見られた。	A・B・C・D

<表5> グループ活動についての評価表

	A	B	C	D
グループ作業への取り組み	決められたメンバーとしての役割を積極的に果たしている。	決められた役割は果たしている。	あまり役割を果たしていない。	役割を全く果たしていない。
話し合いへの参加	積極的に自分の意見を聞くだけでなく、他のメンバーの意見を聞き、話し合いに取り入れている。	積極的に意見を述べるが、相手の意見を聞く態度が弱い。	頷いたり、傾聴する態度はみられるが、意見は述べていない。	討論に参加しない。

<表6> 映像の中の日本語についての評価表

	A	B	C
発音	正確な発音だった。	多少不安なところもあったが、まあまあだった。	間違いが気になった。

	A	B	C
声の大きさ	聞きやすい大きさだった。	すこし声が小さい(大きすぎる)ところがあった。	聞きにくかった。
話す速さ	落ち着いた感じで聞きやすかった。	まあまあだった。	速すぎ(遅すぎ)て聞きずらいところが目立った。
印象	明るく、非常に好感が持たれた。	まあまあだった。	緊張している感じが伝わってきた。

4) ルーブリックを用いた評価の留意点

【ルーブリックの作成】

ルーブリックの作成は手間と時間がかかるため、作成自体を躊躇してしまうことがあります。そのため、作成に当たっては、最初から完璧なルーブリック作成を目標とせず、試行錯誤を繰り返しながら完成させていく気持ちも大切だと思います。

【ルーブリックの内容】

ルーブリックの作成方法はいろいろありますが、内容を細かくしすぎるとルーブリックを理解するのに時間や気持ちを浪費してしまう場合もあります。学習者に理解しやすいルーブリックの作成が必要です。

【学習者の理解】

学習者がルーブリックを用いた評価を十分に理解するために

は、評価の項目や、観点、尺度などについての丁寧な説明と、学習者の意見を取り入れることが重要です。その際、最初から全体の意見を聞くのではなく、最初にペアやグループなどで話し合う時間を十分に提供すると、意見も出やすく、且つまとまりやすくなります。

<図2> 学習者の意見を取り入れるための活動手順例

【評価者について】

評価に客観性を持たせるためには、評価者の人数を多くしたり、第3者に評価してもらうなどの方法があります。また、日本語の発音を評価する場合は日本語ネイティブ話者が評価するなど、誰が何を評価するか、何人が評価するかなどについても十分な検討と学習者の理解が必要です。

5) 学校評価への運用と協働学習の評価の在り方

協働学習の評価を学校評価に結びつけるためには、グループ評価だけでなく、個人評価を評価に取り入れたり、形成的評価だけでなく、総括的評価を評価に取り入れたりするなど、幅の広い評価が必要だと考えます。そして、学習者に評価の説明や参加だけでな

く、評価項目や点数配分など、評価方法自体に意見を述べる機会を与えることで、学習者自身が評価について考え、評価に責任を持つ姿勢を育成することができます。

＜もっと知りたい方のために＞

碇山恵子・木村尚仁(2017)「学生の協働意識を引き出す学習者主体のルーブリック作成と自己評価の試み」『北海道科学大学研究紀要』43, pp.35-41

頼 美麗(2016)「会話授業におけるルーブリックによる評価の実践：学習者に与えた影響に関する一考察」『別府大学日本語教育研究センター紀要』6, pp.19-24

安高紀子・品川なぎさ(2017)「教師の評価コメントに基づいたルービック作成の取り組み」『アカデミック・ジャーナル』9, pp. 28-36

栗田 佳代子・日本教育研究イノベーションセンター(2017)『インタラクティブ・ティーチング―アクティブ・ラーニングを促す授業づくり』河合出版

国際交流基金(2011)『学習を評価する―日本語教授法シリーズ12』ひつじ書房

ダネル・スティーブンス、アントニア・レビ(佐藤浩章監訳)(2014)『大学教員のためのルーブリック評価入門』玉川大学出版部

西岡加名恵・石井英真・田中耕治(2015) 『新しい教育評価入門-人を育てる評価のために』有斐閣

北村祐人(2015)『日本語学習ポートフォリオと 日本語能力評価の実践』文化庁日本語教育研究協議会
www.bunka.go.jp/seisaku/kokugo_nihongo/kyoiku/kyogikai/h27/.../shiryo_17.pdf

5. 内省活動

内省とは何か、なぜ必要か、どのようにしたらいいのかを見ていき、内省活動のデザイン・実践上の留意点について考えます。

1) 内省とは

　私たちは日々自己の内面や外面、出来事を省みます。それが意識的になされる場合には、往々にして自分自身に関する課題の解決に向け、自己を能動的に観察し、考え、分析して、自己への理解を深めようとします。広義では、このような意識的・能動的に自己に注意を向けることを内省(reflection)といいます。'reflection'の訳語としては「内省」「省察」「振り返り」「反省」「リフレクション」などが用いられていますが、ここでは日本語教育の分野で広く使われている「内省」という用語を当てます。

　教授・学習における内省とは、「個々人が自分の体験について新たな理解や解釈、評価を見出すために、その体験を探求する認知的・情意的活動」とされます(Boud, Keogh, & Walker 1985)。内省は、授業や学習活動でどんなことが行われ、そこで自分は何をしていたか、また何を考え、どう感じていたかを注意深く吟味し、その体験を再解釈することで新たな視点を生み出す能動的な行為であるため、自分の体験をさらなる学びの機会に変えることを助け

る活動と捉えられています。つまり、すでに持っている知識に新しい知識を結びつけて考えたり、学習者自身の思考の枠に新しい知識を統合したり、その統合されたものが現実において価値あるものか評価したり、さらには統合された新しい知識や情報が自分のものとして取り込まれたりするということです。では、なぜこのような内省が必要なのでしょうか。

2) なぜ内省か

　古くから、内省は学びを促し、学びに欠かせないものとして重視されてきました。その原点とされるDewey(1933)は、内省的思考(reflective thinking)に着目して学習のことを捉えていたことで知られています。経験からの学びを力説する中で「我々は経験から学ぶのではなく、経験を内省することで学ぶことができる」とし、「教育は経験の絶え間ない再構成である」としていますが、この経験の再構成に欠かせないのが、内省的思考(内省)になるのでしょう。

　協働学習(ピア・ラーニング)では、ほとんど内省活動が授業デザインの中に組み込まれています。協働学習には、自分は何を学びたいか、そのためにはどのようにすればいいか、この活動から何をどう学んだか、次の課題は何かなど、学習者が自分自身の学びを常に把握し管理することが要されますが、このような学びにおいて自分の学習を批判的に省察していく内省行為は、極めて重要な部分と言えるからです(池田・館岡 2007)。

　こうして、学習における内省の重要性や必要性が強調されていますが、一方では内省そのものの難しさゆえに、実践上の困難が指摘

されることも少なくありません。これについては、(4)で詳述します。

3) 内省活動の要素

　内省を学習活動の一環として行う場合、教師には、学習目的や学習者に見合った内省活動のデザインに加え、その活性化に向けた具体的・実践的な支援が求められます。そのため、まず内省活動の枠組みを規定する要素を取り上げます。大きく6つの要素(類型、タイミング、場所、対象、手法、ねらい)があり、各要素には様々なバリエーションが見られます(表1)。こうした要素の組み合わせにより、内省活動のデザイン・実践を行うことができます。

<表1>　内省活動の要素別バリエーション

類型 【だれが/と】	セルフ(=自己)内省
	ピア(=グループ)内省
	内省シェアリング
	教師との内省
タイミング 【いつ】	コースの開始時・終了時
	活動・単元ごと
	毎回の授業後
場所 【どこで】	教室内:授業・活動の直後
	教室外:放課後
対象 【なにを】	授業・コース全体
	活動のプロセス・結果
	特定の能力・スキル
手法 【どう】	内省(=振り返り)シート
	アンケート
	自己・他者評価シート

	フォローアップ・インタビュー
	ポートフォリオ
ねらい 【なぜ/ なんのために】	自己学習能力や課題遂行能力の育成を促す内省の有効性・可能性を探る
	学習活動のプロセスや結果を内省によって把握・検証し、改善に導く

内省活動の類型とは、【だれが】あるいは【だれと】内省するかということです。学習者個々人が行うセルフ(＝自己)内省、学習者同士の話し合いを通して内省していくピア(＝グループ)内省、各学習者の内省内容を学習者同士で共有する内省シェアリング、教師と話し合いながら内省を進めていく教師との内省、のような4類型があります。本来内省は、自分の内的プロセス自体を思考の対象とする個人内の思考活動でありますが、他者との対話を通して自己を他者に投影することができ、客観化された形で自己の心的調整を行うことができるとされ、内省の活性化に役立つと報告されています。

内省活動のタイミングとは、【いつ】内省するかということです。コース全体の開始時や終了時に行われる場合、活動や単元といった区切りのあるときに行われる場合、毎回の授業後に行われる場合があります。内省活動のタイミングによって、自と**内省活動の場所**が決まります。言い換えれば、内省が【どこ】で行われるかということですが、授業の直後に内省活動が行われる場合はほとんど教室内活動となります。一方、授業時間の制限などで内省の時間が十分確保されない場合は、放課後の宿題として課されることもあり、この場合は教室外活動となります。

内省活動の対象とは、【なにを】どの範囲まで内省するかという

ことです。それは学習体験の全般となることが多いですが、その中でも授業全体を通して内省する場合、学習活動のプロセスや結果について内省する場合、とりわけ特定の技能や能力に焦点を当てて内省する場合があります。それぞれにおいて、認知的側面に重きをおく場合もあれば、情意的もしくは社会的側面まで広げる場合もあります。さらに、内省のレベルにおいても、印象や感想程度のものから、気づきのレベル、より深いレベル(関連づけ・統合・価値づけ・内化)に至るまで様々です。

　内省活動の手法とは、内省したことを何をもって【どう】引き出すかということです。内省項目や問いに応じて答えを書く内省(=振り返り)シート、尺度や記述式アンケート、自己・他者評価シート、フォローアップ・インタビュー、学習物をファイルに収集・編集するポートフォリオなどが用いられます。内省活動はほとんど主観報告のような形で行われていますが、授業や活動の録音・録画資料のようなリソースをもって行われる場合もあります。その他、学習日誌やラーニング・ジャーナル(=ダイアリー)が用いられたり、最近はオンライン媒体が使われることもあります。

　内省活動のねらいとは、【なぜ】あるいは【なんのために】内省活動を行うかということです。そのねらいによって得られるものも変わってきますが、大きく二通りのねらいが考えられます。一つ目は、自己学習能力や課題遂行能力の育成を促す内省の有効性・可能性を探ることがねらいの場合です。ここでいう自己学習能力とは、学習者自ら主体的に学ぶ能力、つまり学習者オトーノミーのことで、学習全般に係わる基礎的・汎用的能力を指します。例えば、学習に対する積極性や自律性、学習ストラテジーへの気づき、思考力、モチベーションや視点の変化、自己調整学習(メタ認知・

動機づけ・行動において自分の学習に能動的に関与していること）能力などが挙げられます。一方、課題遂行能力とは、その基礎となる自己学習能力に加え、各学習活動の課題やタスクを遂行する能力を指します。例えば、日本語の作文や発表、読解などに必要とされる特定の技能別能力のことです。二つ目は、学習活動のプロセスや結果を内省によって把握・検証し、改善に導くことがねらいの場合です。つまり、学習活動への参加の姿勢や課題遂行の様子、成果を把握・検証し、問題点や課題を見つけて改善につなげていくよう、内省によって可視化させることで引き出そうとするものです。これらのねらいは必ずしも分けられるものではく、複合的に捉えられる場合もあります。

4) 内省活動の難しさ

　内省は、上記のようなねらいを達成するための手段であり、内省そのものが学ぶべき対象(目的)でもありますが、いずれも内省をただ繰り返し行うだけでは足りず、いかにして内省活動を「自己を対象化する場」「思考を言語化・可視化する場」「深い学びにつなげる場」として機能させ、内省力を高めるかが重要となります。学習者の学習スタイルや内省性向などの個人特性、そして学習に対する問題意識や活動の必要性の認識によって、内省活動に臨む姿勢や内省の質に個人差が生じることは十分予想されます。そのため、内省活動を促す手立てが必要になるわけです。

　まず「自己の対象化」とは、自らを率直にありのままに直視し、受容することであり、自己を相手にして行う自問自答の自己内対

話とも言えます。大まかにいえば、意識のどこかにある経験の中での行動や思考や感情を思い起こし注意深く見つめることで、自己(特性・長短)を知る、そこから自己への理解や疑問・葛藤が生じる、そのため思い悩んだり問題を特定して立ち向かったりする、その中で自分の変化に気づく、ついに自己を対象化することができる、といった流れになるでしょう。学習活動の文脈でいえば、学習対象のうち何が理解でき、あるいは理解できなかったか、活動に際し自分はどう振る舞ったか、そのとき何を考え、どう感じたか、また何か問題はなかったか、それにどう対峙していくか、といった問いへの答えを探ることです。こうした自問自答を重ねていくうちに理解が深まったり新たな視点が得られるなどの、再解釈が可能になるとされます。しかし、自己を対象化することが誰でもすぐにできるとは限らないため、内省の一番の壁とされるほど重大な課題の一つとなっています。自分を見つめることに戸惑いや抵抗感があったり、自分一人で取り組むことに負担や限界を感じたりするのはよくあることであるため、様々な手立てや媒体の活用が講じられています。日本語教育の授業実践においては、質問項目に応じて答えるような内省シート記入、録音・録画した資料を視聴しながら行う内省、学習者同士で行うピア内省などと、自己を対象化するのに助けとなるような物的・人的・社会的リソースをもって支援する方法が主として用いられています。実際、内省は内なる自分との対話を通してだけではなく、他者との対話を通しても起き得るものであると指摘されており、自分一人ではなかなか気づけず、それゆえ切り替えることのできない思考の枠に学習仲間をリソースとして働きかけることによって、内省をより活性化させることができると報告されています。

その過程では必然的に、自己を対象化して考えたことを言葉にしたり文章で綴ったりするような「思考の言語化.可視化」が伴います。一人で内省する時もさることながら、ピア内省のときには相手に伝えられるようにと、より一層注意を払うことになります。相手がいることで自分の思考過程の外化に必然性が生まれ、外化により思考が整理されますが、要するに、相手と対話をしながらも同時に自分自身との対話をしているのであり、他者との対話という相互作用の中で内省を深めることによって、自分自身が変わることもあり得るということです。こうした自分をとりまく周囲との相互作用の中で自己を変えることになり、動的に学習が起こっているとされます(池田・舘岡 2007)。

このように、自己内対話と他者との対話を行きつ戻りつしながら外化と内化が上昇スパイラル的に作用し、内省が深化・拡大されることで、「深い学び」の素地を整えていくことが可能になります。つまり、教育を、絶えざる経験の再構成として捉えるなら、再構成するに値する濃密な経験(深い経験)が必要であり、その意味を多様な視点で深く問い直す省察(内省)の積み重ねが必要であるということです(遠藤 2014)。ここに、学習に欠かせない内省の意義があるように思えます。

5) 内省活動のデザイン・実践上の留意点

内省の難しさを軽減し、内省活動を促す環境づくりのためにはどのような工夫が必要でしょうか。ここでは、内省活動のデザイン・実践に当り、段階づけ(活動前段階 – 活動本段階 – 活動後段階)

とそのポイントを紹介します。

『活動前段階』のポイントは、「内省活動そのものの意識化」になります。内省が学びを促し、自律学習に導くとされ、そのための内省活動の効果が認められるとしても、学習者自身が内省の必要性や有効性に気づいていなければ、徒労に終わりかねません。そのため、内省活動を実施する事前活動として、内省の目的ややり方について学習者自ら考えたり学習者同士で話し合って共有する場を作るなど、学習者が内省への意識を高めていけるようなステップを設ける必要があります。これは、意識化の第一歩とも言える、自己を知ることになり、学習者に今後の内省活動についてほのめかし、心構えをしてもらうことにもなります。その方法として、学習者個々人の内省性向尺度(高野・丹野 2008)やメタ認知尺度(阿部・井田 2010)などを使った調査が考えられます。この調査によって自己への認識のみならず、活動前後の認識の変化を見ることもできます。その他、内省活動の経験や予想される効果などを問う項目も加えられます。例えば「今まで、自分の学習体験(学習内容や活動など)について意識的・能動的に振り返るような内省活動をしたことがあるか」「学習における内省活動が自分や自分の学習に役立つと思うか」を問い、学習者同士で話し合うようにしてもいいでしょう。こうして内省活動の価値や意味合いを自ら考え、共有する場を提供します。

『活動本段階』のポイントは、「内省活動の手法の精緻化」になります。手法には色々ありますが、ここでは内省シートに焦点を当てます。内省内容を記述する内省シートには、短い形式のミニット・ペーパー、中間的なジャーナルや学習日誌、拡張的なラーニング・ポートフォリオなどがあり、これらの外化ツールに

よって内省過程の外化を助けます。外化とは、内部で生じる認知過程を観察可能な形、つまり言葉にして表すことであり、外化によってより効果的なフィードバックや支援が受けられるようにすることができ、それを踏まえた内化の促進につながるものと思われます。内化とは、外部のものを自分の認知過程の中に取り入れることであり、すなわち統合された新しい知識・情報を自分のものとして個人内に取り込むということです。いかにして内化を成せるか、これが内省活動の最たる目的ですが、ひとりでに成し遂げられることではないため、内省シートをもって足場づくりをしようとするものです。

<図1> 内省シートの例

例えば、図1に示したような内省シートの内省項目「1)どの程度できたか」は、事前活動として行ったニュース・スクリプト作成の

出来具合(日本語ディクテーション、韓国語訳、内容理解における遂行度)を問うものです。これに対し「1.全然できなかった、2.あまりできなかった、3.少しできた、4.ほとんどできた、5.かなりできた」の中から選ぶ形で自己評価を行い、「どこを、どの程度できたか／できなかったか」、そして「よりできるようになるために、どうすればいいと思うか」を記述するようになっています。その機能は、学習過程(ここでは事前活動)において課題遂行の度合いを検討し、よくできたこととできなかったことを見極め、改善のための学習計画やとるべき方略を自ら探ることです。つまり、学習活動における成果や課題の自覚化、そして目標とその達成のための方略を意識化させることによって、学習者のメタ認知を促すということです。メタ認知とは、自分の認知活動(知的な働き)を頭の中にいるもう一人の自分が認識するということで、自分を客観視するということと言えます。また、内省項目「2)どのくらい満足したか」は、授業中の活動(一斉授業、ピア活動でのスクリプト検討と話し合い)における満足度を問うものです。この問いに対して「1.全然満足していない、2.あまり満足していない、3.少し満足している、4.ほとんど満足している、5.かなり満足している」の中から選ぶ形で自己診断を行い、「何について満足しているか／満足していないか」、そして「より満足できるために、どうすればいいと思うか」を記述するようになっています。満足度は、メタ認知と並んで自律的学習に欠かせない自己効力感にかかわる項目ですが、自己効力感とは自己に対する有能感や信頼感のことで、何かの行為に対して自分ならできると思うことをいいます。授業中の活動を上手く遂行できたと認識した場合は自己効力感が持てて満足度も高くなり、逆にあまり遂行できなかったと思った場合は自

己効力感が持てず満足度も低くなることが予想されます。こういった情意面での内省項目を設けることで、自らの満足度を認知するとともに、動機づけの一要因である自己効力感をより高めるよう働きかけることができます。その他、認知過程の外化と内化のスパイラル化を図ったOPPシート(One Page Portfolio)(堀 2009)や、自己内省活動のために考案された内省ワークシート(二宮 2017)、自律的学びを支援するための目標管理・自己評価カード(西田・久我 2018)などが参考になるでしょう。

　『活動後段階』のポイントは、「内省活動の意味を紡ぎ出す」ことです。ここでは、これまでの内省活動を再び意識的に振り返り、その意義を学習者自ら見出すことで、さらなる成長につなげていくことを目指します。内省活動そのものを内省の対象とするという意味で「メタ内省」とも言えます。さらに、内省活動について内省すること、つまりメタ内省の意味づけをするような「メタメタ内省」まで広げることもできると思います。つまり、自分自身が行ったことや考えたことを幾層も掘り下げて考えることで、その意義を紡ぎ出せるよう仕向けるということです。例えば、活動の締め括りとして「内省活動が自分や自分の学習にどう役立ったか」「内省活動を行うことの意義は何か」「その意義についてさらに考えることの意味は何か」など、メタ内省の問いかけをして、内省活動の意味づけを促すことも有意義ではないかと思われます。

　その他、池田・舘岡(2007)では、ピア活動(ピア・リーディング)において、どのようにしたら理解深化を導くような対話が生まれ、内省へとつながっていくのか、その工夫のために留意すべき点を挙げています。(1)話し合いが散漫にならないように論点を「焦点化」すること、(2)他者への伝達や自己の内省のために、考え

を具体的・明確に「可視化」させること、(3)他者の考えや意見を「受容」できるような柔軟さをもつことです。さらに、金孝卿(2008)では、ピア活動を組み込んだ活動デザインを提案し、次のようなポイントを挙げています。(1)セルフ内省とピア内省を組み合わせた内省活動、(2)口頭でのやりとり(話す)と書くの二つの媒体の組み合わせ、(3)言語の内容面と形式面の両方に関わらせる内省活動、を通してより有効に内省促進が図れるとしています。こうした他者の取り組みを参照しつつも、各々学習活動に見合った内省活動を教師自ら創意工夫し、試行錯誤を重ねながら試みて改善していくことが、何より大事なのではないかと思われます。

＜もっと知りたい方のために＞

阿部真美子・井田政則(2010)「成人用メタ認知尺度の作成の試み－Metacognitive Awareness Inventoryを用いて」『立正大学心理学研究年報』1, pp.23-34

池田玲子・舘岡洋子(2007)『ピア・ラーニング入門－創造的な学びのデザインのために』ひつじ書房

遠藤貴広(2014)「教員養成カリキュラム改革実践の批判的省察－省察の深さとその評価をめぐって」『教師教育研究』7, pp.163-183

金志宣(2017a)「授業実践における内省活動の検討－日本語・日本文化の授業を対象に」『比較日本学』40, pp.217-238

_____(2017b)「内省活動のデザインに向けた実践的提案－日本語・日本文化の授業実践における内省活動の分析から」『日本語教育研究』41, pp.41-59

金孝卿(2008)『第二言語としての日本語教室における「ピア内省」活動の研究』ひつじ書房

高野慶輪・丹野義彦(2008)「Rumination-Reflection Questionnaire日本語版作成の試み」『日本パーソナリティ研究』16(2), pp.259-261

西田寛子・久我直人(2018)「自己調整学習の理論に基づいた「生徒の自律的な学び」を生み出す英語科学習指導プログラムの開発とその効果」『日本教育工学学会論文誌』, 42(2), pp.167-182

二宮理佳(2017)「自己内省ワークシートの効果 – 自己調整学習理論からの分析」『中央大学論集』38, pp.1-13

堀哲夫(2009)「認知過程の外化と内化を生かしたメタ認知の育成に関する研究その1 - OPPAによる外化と内化のスパイラル化の理論を中心にして」『山梨大学教育人間科学部紀要』 11, pp.12-22

Boud, D., Keogh, R., & Walker, D. (1985) *Reflection: Turning Experience into Learning*. London: Kogen Page.

Dewey, J.(1933) *How We Think: A Restatement of the Relation of Reflective Thinking to the Educative Process* (Revised edition). Boston, MA: D. C. Heath.(植田清次訳(1950)『思考の方法：いかにわれわれは思考するか』春秋社

6. 教師から見た協働学習(座談会)

協働学習を授業に取り入れている教師が「実践を通して感じたこと」について話し合いました。現場の教師たちはどのように感じているのでしょうか。

奈呉：どうして協働学習を授業で取り入れることにしたのでしょうか。また、協働学習の長所は何だと思いますか。

関：私の場合、初級でひらがなもできない学習者と、日本で生活してきて韓国語ができないような学習者が同じクラスで授業をしなくちゃいけない状況だったので、そのクラス運営のために協働学習を知って始めたんですけど、自分ができることを生かしながら、学習者が自然と役割分担するようになって授業が進められるようになりました。

奈呉：私の場合、読解の授業で学習者に最初に、語句の意味の把握する段階。文法を理解、応用する段階、文章を把握する段階のように、授業を段階に分けて、その全ての段階に協働学習を取り入れています。そうすると、できる子もできない子も混ざって格段に平均的なレベルが上がる。最初の段階を十分に理解したうえで、次のステップに行くとき、先生より学習者同士の方がわからないところとか聞きやすいじゃないですか。細かいところまで、一人一人わからないところたくさんあって。そういうのをみんなで解決しな

がら、話し合う時間をちゃんと与えると非常に次のステップに移りやすいっていう効果があって、全体的としてレベルが上がる。

関：人間関係もよくなりません？

奈呉：そうですね。

齊藤：私は最初は何気なくやったんですね。そうしたら、学生たちが協力し合って、同じグループの学生達が仲よくなって、発表の内容もよくなったんです。そんな学生達が良好な人間関係を形成していく姿をみて、また次もやろうという気にさせられました。

奈呉：人間関係というのは教室の雰囲気ということでしょうか。

齊藤：そうです。教室の雰囲気がよくて、みんなが積極的に話し合う。そういうのがすごくいいなって思ったんです。

角：私は関先生の初級と違って、上級で協働学習を取り入れました。できるかぎりたくさん話す機会を持ちたいという受講生が多数いる中、教師中心だとそれが難しいのですが、協働学習を取り入れることによって学生一人一人の発話数も増えて、結果的にやはり授業の活性化につながるという成果を感じました。

金：はじめは、文献などから協働学習やピアラーニングに接して、ちょっとやってみようかなという感じでした。それから自分の教師としての教育観というか信念とも関わるんですが、一方的な知識伝達による詰め込み式の教育では得られないことが協働学習では得られるんじゃないかなと思うようになりました。今は、そういう学習環境をデザイン

するのが教師の役割という考えのもとで協働学習をやって
います。教師主導の授業で得られないことというのは、例
えば語学や文化の授業なんかで教師主導の授業だと、学生
が自分で考える力とか、何かについて議論する場合に意見
を調整する能力とか、結論を下したり問題を解決するよう
な能力などがなかなか得られないんですが、協働学習を通
してそういう能力を身につけられるように促進できるん
じゃないかと思います。

関：教師が目標としていた達成度以上のものを出してくれたり
しませんか。

奈呉：ちょっとびっくりすることありますよね。中国人の留学
生の場合、グループにして協働学習形式で段階を踏ませて
やると理解がかなりアップして、お互い教え合って話し合
うとできるんだみたいなことでちょっと驚かされたこと
があります。

関：あとグループ同士の競争というか、相手のグループの活動
を見ながら自分のグループももうちょっといい活動しよ
うという意欲が出てくる、そういう競争心というか刺激し
合えることも学習の動機づけになる気がするんですよね。
中間発表なんかさせるともっと燃えたりとか。

倉持：始めたきっかけと言われると、自分が学生だったらやっ
ぱり活動型授業がいいかなという単純な動機からでした。
自分が学生だったらただ座っている授業よりも楽しい授業
の方がいい、活発な授業の方がもっと習ったことを使える
から自分のレベルアップも速いだろうなということを考
えて始めた気がします。始めは協働学習というのはすごく

難しそうだなとか、色々大変そうだなという気持ちはありましたが、長いことやっているといろんなところが見えてきました。学生のレベルや科目によってやり方はそれぞれあって。その中で一番よかったと思うのは、学生たちの楽しそうな表情が増えることですね。その姿を見てて自分も嬉しくなるし、最初に協働学習のような面倒くさそうな授業はいやだと言ってた学生たちの意識が変わっていく姿を見ているとやっぱり協働学習っていいんだなといつも思います。あと、授業をしていて学生の態度をいつも観察しているから、学生の態度から自分の教え方や授業の管理の仕方や評価、そういうことまで全て見ていくことになり、授業の運営に対してより注意を払うようになるので、結果的に教師の教え方の改善にもつながると思います。

関：学生の意見も出てくるから、自分も授業のフィードバックしやすいですね。

奈呉：これまで出た意見を総括すると、まず、教室にレベルの異なる学生がいても授業が進行しやすくなる、理解度が深まるということですね。その結果、教師の予想以上の成果が得られることもある。そして、学習者自身の問題解決能力を育むことができる、その手応えがあるということですね。また、グループ同士が刺激しあったりしながら学習者の発話数が格段に増えるので、教室の中が盛り上がり、学生の楽しそうな雰囲気に教師が喜びを感じ、さらにもっと良い授業づくりをしていこうと思い、教師が授業の改善点を見出す、考えるきっかけにもなるということですね。

金：それに加えて、教師が実践した授業について学会で発表し

たり投稿したりすることによって、実践知が共有できると思います。論文を発表したり書いたりするためには授業実践の見直しが必要になりますが、それが教師自身の内省にもなり、それによって授業の良かった点や改善点がわかってくるので、結果的には内省的実践家としての教師の道を歩めることになります。それも教師として得られることの一つではないかと思います。

奈呉：では、さまざまな利点がありましたが、でも必ずやっていて困難なことというのはあるはずで、次にお聞きしたいのはどんなことが大変だったかという点です。

趙：あの、いい点として、そのグループ内の活性化ができるとか、もっと親しくなるというのが挙げられていましたが、私はかえって、そのグループ内の学生同士が親密な関係ができるまでの時間が大変でした。専攻ではなく、教養の学生はそのクラスに来てはじめて会う学生同士で、その親密になるまでの時間に耐えるのがちょっと大変、はじめは。だから、協働学習を始めたばかりの時は、その時間に耐えられず自分からやめたこともありました。2週間ぐらいやって、これはだめだと思って、これではちょっとできないなと思ってやめたんですけど。でも、2週間ぐらい耐えたら、3週目になるとすごく親しくなるということが分かったんです。2、3週間、もしくは1ヶ月ぐらいかかるかもしれない。教養の授業って週2時間で、普通、協働学習を2時間全部はできないんですよ、科目によって違うんですけれども。だから、その1時間目は普通の授業をして、活動は30分ぐらいしかできないので、そこで、親密になれるまでは結

構時間がかかったんですけど、それが大変で、でもそれを
ちょっとだけ耐えれば、よくなるということを後にはわ
かったんですけど。

奈呉：　最初が大変だということですね。

関：最初も大変なんだけど、どうしてもグループ活動ができな
い学生っていません？どうしてもグループ活動ができな
い学習者が時々現れるというか。そうなると、グループ作
りも大変ですし、クラスの雰囲気も悪くなって。

趙：私は、やりませんからって。最初に言って、これはグルー
プ活動が入るし、成績にも少し反映するって言ったら、「こ
の授業は受けたいですが、でも私はグループには入りませ
ん」って。で、え、毎回？と聞いたら。点数もらわなくていい
からと。

関：私のクラスにもいました。聴講生になりたいって。

金：そういう人にこそ、やってほしいですよね。

一同：ね~~。

趙：だから、結構説得するんですよ。大学が終わりじゃなくて、
ここは狭い環境で、これから社会に出たら本当にいろんな
人が集まるから、そこではもっと大変だから、今のうちに、
(練習、練習)これをやっておかないといけないと言ったら、
「いや、私は、これから一人で生きていきますから」って「私
はもうそれはできないので、私はこれからの人生であきら
めます」って。

角：やはり全部のグループが理想的に機能するわけではない
ので、そういう場合、教師がどのように介入したらいいの
か、とか、はっきりグループに入りたくないという意見を

持っている学生に対して、どこまで勧めるべきかという点で私も悩むことはあります。

趙：かえってそういう学生はもう除けばいいんですよ。

関：やっぱり、どこまで、強制的に入れるべきか。で、すごく悩んで、もうしょうがないから強制的に入れた場合もあったんですよ。その時やっぱりすごく雰囲気がよくなくて。結果的に聴講生になることを希望したので、そうしたんですが、それも雰囲気悪かったです。でも、どっちがいいかというと、聴講生のほうがグループには影響を与えなかったのかな。

齊藤：逆の場合なんですが、「私、やりません。」ではなくて、すごく積極的にリーダーシップを発揮する学生がいることがあります。そんな学生は日本語がよくできる場合も多いんですが、そうすると、他の学生が、その学生の勢いに負けてしまって黙ってしまうことがあります。それを見て、できるだけ沢山の学生が活発に発話できるようにするために、教師がどこまで介入したらいいのか悩むことがあります。グループ作りの方法にもよるかもしれませんが、グループごとに雰囲気がかなり違う場合があるんです。

関：教師の役割どころが違うのね。カウンセラー。

齊藤：グループの雰囲気に差がある時に教員の役割について考えさせられます。

金：私もそういうのがあって、話がすぐ終わってしまうグループとなかなか終わらないグループがあったりします。そんな時、ただ「もっと話して」と言ってもそのままだから、活動の後に「どうしてうちのグループはこうなんだろうか」

というのを書かせたりします。それが自分のせいなのか、人のせいなのかなどについて書かせると、自分の参加態度について考えさせられるので、自ら反省する機会にもなるんだと思います。

角：その結果、改善がみられましたか。

金：グループはほぼ毎回変えるようにしているので、はっきりした変化はわからないんですけど、少しは自分で意識するようになったのではないかと思います。「自分のせいだろうか」ということをけっこう強調して言っているので。

関：そういうの意味ありますよね。

金：書いてもらった内容の中には、自分たちは話し終わったのに他のグループが話し続けていると、ちょっとうらやましかったとか、どんな話をしているのか聞いていたというのがありました。あと、メンバーの中の一人だけずっと話し続けているからとか、自分があまり準備してこなかったから話せなかったというのもありました。とにかく色々な意見が出てくるので、それをみんなで共有すると、そのあとは少しはよくなるような気がします。

奈呉：こういったグループの雰囲気とか人間関係、たとえば、なごやかか、そうでないかというのは大きいですよね。他にも大変なことがありますか。

齊藤：あとは、先ほどから話がでていますが、評価の仕方で悩みます。どういう評価をどこまですればいいのか、で悩みます。

奈呉：評価は難しいですよね。

関：自由にグループを作ろうとすると、やっぱりできる子達が

集まってしまうこともあって、できる子達が集まってもい
いものができるとは限らないんですが、そういうグループ
ができたこと自体に、学生達が評価を気にして不公平だと
思ってしまうようです。

奈呉：評価ってことに関連するんですけど、私は協働活動でグ
ループ単位の評価はあまりしないんです。学生の反発が強
いことと、自分自身も絶対的な基準を立てて評価できる自
信がないので。映画のストーリーに関する授業で、学生は
みな同じ映画を事前に視聴して来てグループで構造を分析
して発表するんですけど、その協働活動自体は練習として
位置付けているんです。後に、　各自個別の映画を分析して
提出する課題があるんですけど、協働活動の成果はそこに
はっきり表れてきますね。なので、グループ単位の評価は
しないようにしています。

関：私は、全ての協働活動を評価に結び付ける必要はないと
思っています。グループ評価については、どんな活動をど
のように評価してほしいかという学生の意見をきちんと
反映すると、評価がしやすくなります。一方的に教師が決
めて、評価をこうしますと決めても学生は納得しないで
す。事前に学生とグループ評価と個人評価の割合をどうす
るかという話し合いを持つと、意外にもグループ評価の比
重を高くしてくれという意見も出てくるんです。グループ
評価の問題点として、学生の理解という点が大きいと思う
んですが、学生と教師の話し合いで評価に対する理解の共
有があれば、グループ評価がしやすいと思います。

角：私は協働学習での活動を評価するのは難しいと感じたの

で、協働活動は成果を引き出す過程の一部として取り入れてはいますが、評価は個人の成果物でするようにしています。

金：私がいつも難しいと思っているのは、あるテーマについてグループで話し合ってそれを発表する活動の場合、グループ発表のあと教師がなんらかの形でまとめるような総括が必要だと思いますが、それがなかなかできないことです。時事問題や環境問題に関する専門知識もあまりないもんだから、結論を下すのも難しくて、なんとかまとめたいとは思うんですけど、なかなかうまくまとめられないんですよね。

奈呉：フィードバックという問題なんですけど、私がやっている授業の場合、作成した教材の空欄の部分を協働学習でグループディスカッションして結論を出すようにしてるんですけど、歩き回って見てみると空欄にわざと何も書かない学生がいるんですよ。なぜ書かないのかというと結局最後に私がフィードバックするんですが、その内容を書こうとして、自分達の話し合いの結論は横に書いて、空欄のところには私が言っていることを一生懸命メモするんですよ。試験に出るんじゃないかと思って。そういうのを見ると、話し合いをする意義というのを学習者はよくわかっていないんだと思う。正答のある授業に慣れすぎてて、最後に先生がフィードバックをしてくれた内容を書き込もうと身構えている。それが一番困る。

関：他の先生方はまとめのフィードバックどうしてます？

趙：私の場合はテーマがあるんですけど、それぞれ意見を交わ

したものをウェブの掲示板にその時間内にアップロード
して、最後にみんなで要約したものを確認するんですけ
ど、その時には明らかな間違いの部分のみを直します。私
がまとめるとそれだけが正解だと学生が書き留めてしま
うのでいろんな意見があったことを確認するだけに留め
ます。後の講義評価でも自分と違ういろんな意見があるの
を知って楽しかったという意見がある。

関：私も全体のまとめはせず、中間の学習過程のフィードバッ
クしかしていない。

奈呉：授業のタイプによって違うと思うんですよ。そういう風
にしていい結論が全く自由なタイプの協働学習と私がさっ
き言った協働学習は例えば「映画の構造分析」という一般的
に構造はこうなっているとその道の専門家達が出してい
る見解があるわけですよね。それを一応紹介しておく必要
があるので、授業によっては何かないと学べないようなタイ
プの授業もある。どうですか？倉持先生。

倉持：やっぱり協働学習は難しいですよね。私は長年同じ大学
の教養科目の授業で協働学習を取り入れてきました。環境
だけを考えると少人数でやりやすかったと思うんですけ
ど、授業のタイプ、科目、学生のレベルによって、また授業
の規模によってその時に偶然出会った構成員達のいろんな
要素が影響するため、それぞれの協働学習のかたちがあっ
ていいと思うんですが、すごく作りにくいと思います。そ
れと、教師の人間性も出ますよね。教師も向く先生と向かな
い先生がいる気がするんですよ。どれだけ楽しく学生たち
を導いていけるかという教師力も必要だと思うし、自分が

やってきた協働学習が本当に協働学習だったのか、学生たちにとってよかったものなのかというフィードバックは自分なりにしていても他者評価されることがないので、その点、こうやって集まると振り返りもできますよね。でも、普段の授業の中ではなかなかそういう機会がないから難しいと思う。自分がやってきたのが本当に協働学習なのかと言われたらそれは難しいと感じます。

倉持：あと、学生たちからの評価も先生方気にしてますよね。

一同：気になります。

倉持：でも、その学生評価も学生が本当に思っていることなのかどうか、でもそれを見ながら、やっぱり楽しかったのかな、とか、この授業はよかったのかな、とか授業の振り返りはしますけど、次にどう協働学習をしたらいいんだろうとか、協働学習の中でもどの部分を入れようか、とか、協働学習も全部入れると先生が大変だし、その程度もあると思うんですよね。学生のレベルとか、科目によって。それに、先生たちの経験。いつも同じ授業だったらやりやすいけれども、いろんな科目でいろんな事やってたら、あと、学生たちが４０人も５０人もひとつのクラスにいたら、協働学習やれるかどうかって不安はありませんか。

関：あるある。クラスの人数とクラスの雰囲気で、最初に変えますよね。このクラスだったら部分。専攻の上のクラスだったら全部トータルで大きな目標の協働学習をしたりとか。変えるしかない。

趙：その柔軟性もかなり必要かな。

一同：そうですね。

第 **II** 部

協働学習の実践事例

1. 音声吹き替えを利用した協働授業実例

「アニメの音声吹き替え」という学習者が興味を持って取り組める素材を活用しました。学習者が自分たちの声で吹き替えし、映像編集する活動です。

活動概要

　　学習者数：3~4人グループ・全12人~20人

　　日本語レベル：初級後半~上級

　　活動形式：対面学習

活用教材・機器・教具

　　パソコン及びスマートフォン

　　学習者が選択したアニメーション

　　動画編集アプリケーション「movie maker」

　　音声編集アプリケーション「goldwave」

　　画面キャプチャーアプリケーション「bandicam」

1) 活動の目標

(1) アニメーションのモデル音声を参考に発音や表現方法などの問題点に気づき、正しい発音や表現方法ができるよう協力し合う。

(2) 吹き替え作業を協働で行うことで、役割分担作業の効率性や効果についての理解や、方法について学習する。

(3) 映像編集や音声編集などの技術を習得する。

2) 活動の流れ

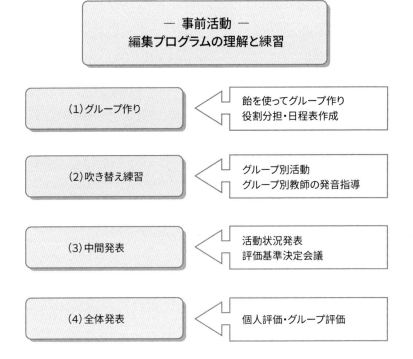

3) 活動のポイントと学習効果

(1) グループ作りと役割分担

- 日本語能力に偏りが大きいグループができてしまった場合、グループのメンバーに活動が可能かどうか問いかけ、調整の方法についてできるだけ学習者自身が解決するようにします。
- 代表、記録係、データ管理係等クラス共通の役割だけでなく、自分たちで必要な役割を作ったりして、仕事の量が各自等しくなるようにします。
- 役割分担や仕事の内容について記載した、グループ活動計画書を作成し、お互いの仕事の内容や、これからの活動がわかるようにします。

学習効果

- グループを無作為に決定すると、学生からの不満は生じやすいですが、社会性の育成、コミュニケーション能力の育成に役に立ちます。
- 役割分担やグループ活動計画書を作成は、仕事の内容の確認だけでなく、責任感と自主性の育成につながります。また、お互いの役割や状況がわかるので協力しやすくなります。

(2) 吹き替え練習

- 台詞の部分の音声を消した映像を見ながら、自分の役割部分の台詞を話す練習をします。

・吹き替えした音声を共有して発音や表現方法などの意見を交換します。
・発音指導は個別にするのではなく、グループごとに教師から発音の指導を受けて、自分だけでなく、グループの他のメンバーの長所や問題点についても理解するようにします。
・グループ活動の様子を学習者、教師共に把握できるように、活動ごとにグループ活動日誌の提出します。

学習効果

・吹き替えという作業に慣れていない学生が多いため、失敗することや質問することに対する心理的圧迫が少なく、質問しやすい雰囲気になりやすいです。
・教師の発音指導をグループ全体でいっしょに受けるため、自分の発音の問題を、グループの他の学生に聞いて確認してもらうことができます。
・自分以外のメンバーが自分の発音の弱点について理解しているので、グループでの自主的な発音練習が容易になります。また、発音の方法について、学習者同志が意見交換やアドバイスを行うなど、協力的な姿勢が生じます。
・グループ活動記録を提出する義務があるため、記録を丁寧に書く必要性が生じ、結果的に活動のフィードバックや次回の活動の準備をきちんとするようになります。

(3) 中間発表

・グループごとに現在の活動状況を発表し、お互いの活動を参
　考にしたり、アドバイスをもらったりします。
・中間発表を参考に、評価の基準について検討します。学生が評
　価の基準を作成したり、評価について意見するのは難しいの
　で、教師が作成した評価表を基に、評価点の配分や評価内容に
　ついて、まずグループ別に検討します。次に、全体でディス
　カッションを行い、学生たちの意見を取り入れた評価表を作
　成します。

学習効果

・他のグループの活動状況や活動方法を見ることは、自分たちのグ
　ループの活動変更や動機付けにつながり、最終発表の完成度を上
　げてくれます。
・自らが評価基準の作成に参加するため、評価に対する理解が深ま
　ります。

(4) 全体発表

・発表時間や発表の形式について、教師と学生とで話し合い、合
　意しておきます。
・発表の準備のために、事前に決めた評価基準や方法について
　十分な確認をします(ルーブリック提示が望ましい)。
・自己評価、他者評価を行います。グループ内評価はメンバーの

前でメンバーを評価するのは難しいので、活動後個別に書いて提出するようにします。

・活動の全体をフィードバックするために活動記録を提出します。(発表後)

学習効果

・発表形式や評価方法の確認は発表に統一性をもたらし、結果的発表の完成度を上げたり、評価をしやすくしてくれます。
・フィードバックなど教師からの評価についての説明は活動に対する達成感につながります。
・活動記録の整理は自己の学習の内省につながります。

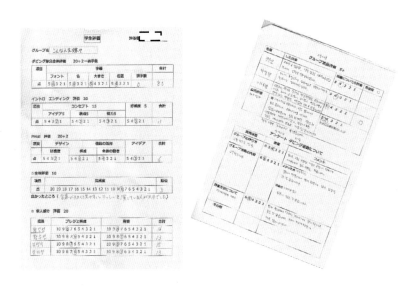

4) 学習者の感想・意見

グループの作り方について

・全てを運命に任せていたところが公平でよかった

・親しい人でないと意見が言いにくいし、連絡がとりにくい

活動について

・他の人の意見がたくさん出てグループ活動が楽しかった。
・将来使えそうな映像編集方法を学習することができた。

・授業以外に集まらなければならないのが大変だ。
・ダビングだけでなく、アプリケーションの練習などやらなければならないことが多くて時間が足りなかった。

評価について

・評価の項目に自分の意見が考慮されたことが新鮮だった。
・評価の項目がいろいろあってよかった。
・他の人の考えもわかるし、何が重要なのかもわかった。

5) 活動を振り返って

　学習の動機づけにおいて、学生が興味や関心を持つ活動の素材選びとグループ構成は活動の成功に大きくかかわってきます。この活動の素材として使ったものは学生にとても人気のあった映画だったため、最初から積極的に取り組む雰囲気がありました。

素材が良ければ、グループ構成に若干不満があっても、うまく活動を進めることができます。しかし、グループ構成によっては活動の意欲が落ちてしまうことがあるため、親しい者同士で活動をさせるか、日本語レベルや性格を考慮して、教師側がグループ決定にどのように関与するかなど、グループ作りの方法については十分な検討が必要であり、臨機応変な対応が必要だと思います。

映像編集は、文系の学習者が苦手な分野でもありますし、技術の進歩の激しい分野なので、最新情報の収集や事前に教育担当者自身が充分練習しておく必要があります。映像編集が得意な学生や専門家などに協力してもらうのも一つの方法だと思います。映像編集は授業以外でも活用度の高い学習価値のある技術です。新しい分野についての知識は教師の授業技術も豊かにしてくれます。

2. マインド . マップを活用した協働活動

マインド・マップを活用し旅の計画を立てます。メンバーが共通して行きたい所を選び、何がしたいか、なぜしたいかを動詞(たい) . 形容詞で表現します。

活動概要

学習者数：2~4人グループ・全10~30人程度

日本語レベル：初級

活動形式：対面学習

活用教材 . 機器 . 教具

スマホ(完成したマインド・マップを撮影し、メールに送信)

教室のパソコン(送信したマップを受信)

ビーム・プロジェクター(大画面で共有)

1) 活動の目標

- グループのメンバーが夏休み(冬休み)に共通して行きたい所を選び、そこで何がしたいか、なぜしたいかを話し合いながら、動詞(たい)・形容詞の使い方を確認します。
- マインド・マップをプレゼンテーションすることを通して、旅行の計画や理由を文章レベルで話せるようにします。
- 他グループの計画を聞き取りながら、旅行先の情報が得られます。

2) 活動の流れ

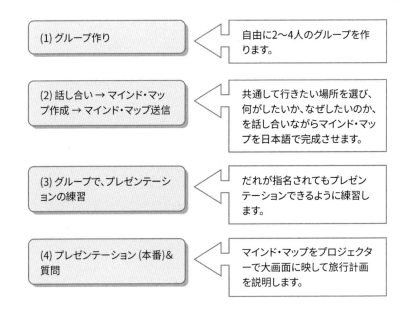

(1) グループ作り	自由に2〜4人のグループを作ります。
(2) 話し合い → マインド・マップ作成 → マインド・マップ送信	共通して行きたい場所を選び、何がしたいか、なぜしたいのか、を話し合いながらマインド・マップを日本語で完成させます。
(3) グループで、プレゼンテーションの練習	だれが指名されてもプレゼンテーションできるように練習します。
(4) プレゼンテーション (本番)&質問	マインド・マップをプロジェクターで大画面に映して旅行計画を説明します。

3) 活動のポイントと学習効果

(1) グループ作り

　旅行は親しい人と行きたいでしょうから、教師の操作は最小限にして自由に2~4人のグループを作ってもらいます。人数の少ないクラスなら2人グループと決めてしまってもいいでしょう。ぜひ、一人で旅をしたいという学生には、一人で活動してもらってください。

(2) 話し合いで作り上げるマインド・マップ

　どこへ行き、何をし、何を食べ、どんな体験がしたいか、なぜそこへ行きたいのか、なぜその体験をしたいのか、等を話し合いながらマインド・マップを作成します。初級の授業ですから、韓国語で話し合っても構いません。マインド・マップの作成には積極的な意見が必要だからです。

　マインド・マップにはできるだけ名詞と動詞・形容詞の原型だけ記入してもらいます。この指示を忘れると、学習者はマインド・マップにプレゼンテーションする説明文を全部書き込んでしまい、プレゼンテーションはそれを読み上げる作業になってしまいます。

　A4用紙の上半分にマインド・マップを、下半分にプレゼンテーション用の台本を作成するようにします(添付したマインド・マップ例を参照)。発表台本は「~たいです」「~からです」を使用して簡潔に整理してもらいます。プレゼンテーションの時にはマインド・マップの部分(上部)だけを使用し、発表台本(下部)は提出して

後日教師からフィードバックが受けられるようにしてます。

　マインド・マップにはイラストを入れたり、カラー仕立てにして見映えよく作成するよう勧めます。マインド・マップを作ること自体が楽しくなるからです。

　完成したマインド・マップはスマホで撮影して、それぞれ自分のメールに送ります。

(3) プレゼンテーションの練習

　完成したマインド・マップをプレゼンテーションする練習をします。発表者は直前に指名されることにすると、緊張感が生まれ、練習に身が入ります。

(4) プレゼンテーション

　いよいよ発表です。教師はトランプなどを人数分準備し、ジョーカーを引いた学生が発表者になります。

　教室のパソコンから自分のメールにアクセスしてマインド・マップを大画面に映し、画面の前でプレゼンテーションします。

　自信がない発表者はメモを読み上げますが、それもいいことにしましょう。ストレスをあまり与えると学習が苦痛になりますから。

　発表の途中でも、終わりにでも教師が質問したり、他の学習者からの質問を誘導しましょう。「すしは食べませんか。」「どんなホテルですか。」等、学生が日本語で回答でき、他の学習者も理解できる質問をすると効果的です。

(5) フィードバック

　提出してもらった発表台本(A4用紙の下半分)の間違いをしっかり訂正して、次の時間に返却します(人数分コピーして返却してもいいでしょう)。この過程を踏まないと、学習者が自分の誤用を明確に理解できません。

(6) 学習効果

・自分たちの行きたい所、したいことを積極的に話し合う活動なので、教室の活性化を促せます。
・学習者の意思を反映する活動を時間をかけて行うので、学習項目の定着度が高くなります。期末テストで任意のマインド・マップ(旅行計画)を提示し、学習者に説明文を記述するよう指示したところ、他の問題に比べて正答率がかなり高かったです。

4) 活動を振り返って

　マインド・マップを初めて導入した頃は「どこへ行き、何をしたいか」ではなく、「旅行の体験と感想」をテーマにしていました。東京、大阪、福岡、アメリカ、中国、済州島‥と同じ場所に旅行した学習者でグループを作り、共通して行った場所や感想を話し合いマップを作成してもらいました。ですが、このテーマではあまりうまくいきませんでした。学習者は同じ東京に行っても体験したことはそれぞれ異なっていたからです。テーマを「どこへ行き、何をしたいか」に変更したところ、グループの話し合いが格段に

活性化しました。

　また、マインド・マップを全く知らない学習者もいるので、「マインド・マップとはこういうもの」「どんどんマップが膨らむよ」という風にマインド・マップの作成例を事前に見せておくのがいいでしょう。はじめての導入の場合、教師が作例して見せてください。

　最後に評価ですが、個人的にはマインド・マップ活動は成績に反映していません。メンバー全員で作成する活動に対して評価基準を立てることは非常に難しいし、マインド・マップの活動は評価という目標がなくても学習者が十分積極的に参加できるからです。

(マインド・マップ例)・
*上部：マインド・マップ/下部：発表台本(添削済み)

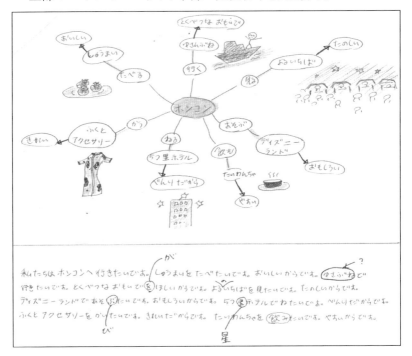

3. ポスター発表を取り入れた授業

興味のあるテーマを決め、ブックトークの内容をもとに
ポスターとスクリプトを作成し、発表する協働活動です。

活動概要

学習者数：3~4人グループ・全20人程度

日本語レベル：上級

活動形式：対面学習及びオンライン学習

活用教材・機器・教具

教材：大島ほか(2012)『ピアで学ぶ大学生・留学生の日本語コ
ミュニケーション』ひつじ書房

ニュースや記事、論文、本(ブックトーク)

パソコン(ポスターのパートづくり)

A0用紙、マーカーやのりなどの文具(ポスター作成)

1) 活動の目標

(1) 本や記事から読んだ内容を伝え合うことで、テーマについての理解を深める(ブックトーク)。

(2) 読み取った情報を比較・検討し、主張と根拠をまとめる(ブックレポート)。

(3) 伝いたいことを構造化し、図示の方法や構成を考え、ポスターを作る(ポスター作成)。

(4) 話の道筋を立てて、分かりやすく発表する(ポスター発表)。

(5) 自分のグループと他のグループのポスター発表について評価する(自己／相互評価)。

(6) 活動全体を振り返り、成果や改善すべき点に気づく(内省)。

2) 活動の流れ

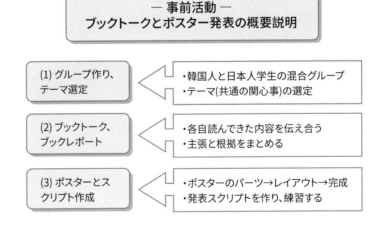

```
┌─────────────────┐        ┌──────────────────────┐
│ (4) ポスター発表 │◀═══════│ ・発表                │
└─────────────────┘        │ ・質疑応答            │
                           └──────────────────────┘

        ┌─────────────────────────────────────┐
        │         ― 事後活動 ―                │
        │      評価（自己／相互評価）          │
        │    内省活動（全体の振り返り）        │
        └─────────────────────────────────────┘
```

3) 活動のポイントと学習効果

(1) ブックトークとブックレポート

- ブックトークとは、同種のテーマの本や記事を分担して読み、紹介し合う活動です。本を読んで理解するだけでなく、その本の主張と根拠の構造を把握しながら読むようにします。さらに、読んだあとお互い読み取ったことを伝えながら比較するようにします。次のようなワークシートを活用をすれば、よりまとめやすくなるでしょう。
- ブックレポートとは、読んだ本や記事について、概要や各章(各段落)の内容をまとめて書くレポートです。ブックレポートのアウトラインの例(「紹介型」「比較分析型」「問題提起型」)を挙げて馴染ませます。その際、本や記事の内容の要約・引用と、自分たちの意見(主張)とを混在させないように注意しながら、レポートを仕上げるようにしましょう。

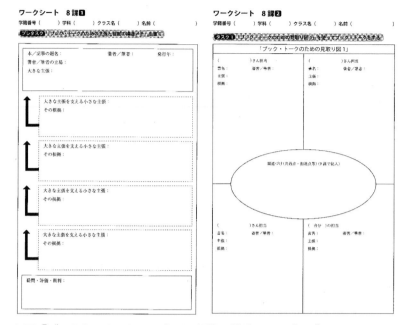

左図「ブックトークのための主張と根拠の構造メモ」右図「見取り図」
大島ほか(2012)『ピアで学ぶ大学生．留学生の日本語コミュニケーション』
からの転写

学習効果

・大学での学習に必要な書きことば的日本語表現や語彙、文の作り方が学習できます。

・本や記事の内容を鵜呑みにしないで、批判的に読もうとする能動的態度をもつようになります。

・情報や考えを効果的に伝えようと工夫することで、コミュニケーション能力の育成に役立ちます。

・自分たちの文章をよくするためのピア活動を通して、自分のよい点や問題点が認識でき、改善につながります。

(2) ポスター作成と発表

・ポスターとは、大きな紙(A0やA1)に文章や図表、写真などを視覚情報して提示したものです。これを用いての発表がポスター発表になります。ポスター作成や発表のポイントを挙げておくといいでしょう。

・ポスター作成のポイント

① ポスターは「見やすさ」が重要であるため、あまり詰め込みすぎないよう心掛ける。

② 資料や図表などは目の高さや相互に比較しやすい位置に配置するなど、詳細がすぐに確認できるよう留意する。

③ カラー文字を多用するより、本当に重要なポイントのみ赤・青・黄3色程度で表示した方が見やすく、分かりやすい。

④ 複数の用紙に分けて掲示する場合、見る順番を示した番号を振っておく。

・ポスター発表のポイント

① 伝えたいことをはっきりし、話の道筋を考える。

② 発表スクリプトを書き言葉で作成する。

③ 大きな声で、メリハリをつけて話す。

④ 表情やジェスチャーも加えて説明する。

⑤ 制限時間を厳守する。

学習効果

・ポスター作成のため、伝いたいことを構造化し、分かりやすい図示の方法や構成について考えるようになります。

・発表時の声や目線、態度などを意識し、聞き手に配慮して発表

するようになります。

(3) 評価および内省活動

・評価は、次のような項目に対して三つのレベル(「2点：目標達成」「1点：目標達成まであとこう少し」「0点：目標達成まで努力が必要」)で判定し、コメントも書きます。自己評価と他者評価を同じ要領で行います。

① ポスター：ポスターは見やすくなっているか。
② 発表の内容：話の道筋は立っているか。
③ 発表の形式：日本語表現は分かりやすくなっているか。
④ 発表の態度：声の大きさや話すスピード、視線など聞き手に配慮しているか。
⑤ 協働性：役割など、バランスの取れた発表になっているか。

・内省活動とは、これまでの活動を振り返り、自分はどんなことをして何を感じたか、得られたことや反省すべき点はあったか、これを踏まえた今後の目標や計画などの気づきを促す活動です。内省活動の際には、ただの感想にならないよう、以下のような内省シートを用いて内省項目に答えるようにするといいでしょう。

1. 準備過程について
①発表の準備過程で、得たものは何か。
②発表の準備過程で、難しかったことは何か。その解決のために、自分はどうしたか。

2. 自分のグループの発表について
⑤聞き手の反応はどうだったか。聞き手の反応や質問からどんな刺激を受けたか。
⑥自分のグループの発表はどうだったか。

学習効果

・自己／相互評価を通して課題遂行度が診断でき、自分の足りない点を改善するよう動機づけられます。
・学習体験を意識的に振り返り、自らの学習成果や課題に気づくことで、今後の学習を発展的に導いてくれます。

4) 学習者の感想・意見

・時間はかかったものの、お互いの考えを伝え合うことで、自分では思いつかなかったアイデアの発見もあった。

・準備の段階で難しいと思ったのは、言語の問題ではなく、基礎的能力が欠けているからだと気づいた。グループの中で意見を出しあうのも苦手で、PPTを作るのも慣れておらず苦労した。
・こういった作業は、社会に出ても必要になると思うので、しっかり練習しておきたいと思った。

・日本人と韓国人がともに発表の準備をする過程で、違う国の人とコミュニケーションすることへの自信が得られた。

・日韓の文化の差を実感した。韓国の学生は自分の意見をはっきり述べ、意思をきちんと伝える反面、日本の学生は人の意見に流れやすい面がある。
・自分のコミュニケーション能力がまだまだ足りないと気づくことができた。

・色々な論文を読んだが、筆者によって意見が異なり、対立している意見の争点を見つけ出すことが難しかった。そのため、まず争点の主題が共通した資料を新たに調べ直した。

・4人がパート分けをし、さらにそれを一つのポスターに適切に入れるのは簡単ではなかったし、中では意見衝突も頻繁にあったが、みんななるべくオープンマインドで相手の意見を尊重しあうことができたと思う。

・チームプロジェクトの楽しさと、協力して達成したときの満足感が得られた。
・意見調整の過程で難しい点もあったが、自分の観点と姿勢を少し変えることで、相手もより積極的に私の意見に耳を傾けてくれることを改めて感じた。

5) 活動を振り返って

　協働活動を取り入れた授業の場合、教師の役割や介入の度合いなどについて悩まされる方が少なくないと言われます。こういった学習者主体の協働活動に慣れていない教師や学習者は、不安に駆られたり不満や物足りなさを感じたりすることもあるでしょう。教師の役割といっても一言でまとめられるわけではないですが、ここでは協働活動の授業運営に役立ちそうなサポートをいくつか挙げます。

　活動の前には、活動の概要と進め方を分かりやすく丁寧に説明してあげる「教示的サポート」が必要です。これが明確になされないと、学習者が混乱して誤った方向に進んでしまいます。また、活動中には、全体を見回って学習者間のやりとりをモニターしたり進捗状況をチェックしながら、必要に応じて助けるような「確認調整的サポート」が必要になります。さらに、活動の各段階で肯定的なフィードバックを適宜行い、学習者の自己効力感を高めて動

機づけにつなげるような「促進的サポート」も必要でしょう。これらの例が、協働活動における教師の役割や支援の仕方に苦心する先生方の手助けになれればと思います。

<ポスターの例>

4. ネット上の掲示板を利用した授業

日本の「今」に関する話題について、グループごとにネットで検索した内容と意見をネット上の掲示板を利用して共有する活動です。

活動概要

学習者数：3~4人グループ・全30~35人程度

日本語レベル：日本語のレベルは問わない
　　　　　　　　　（授業は韓国語で行う）

活動形式：対面学習及びオンライン学習

活用教材・機器・教具

パソコン及びスマートフォン

www.linoit.comのウェブ掲示板

大学のLMS(Learning Management System)

1) 活動の目標

(1) 日本の「今」に関する様々な話題に接することができる。

(2) 他人と意見を交換したり、多様な観点を持つことができる。

(3) 各自の興味を深め、また専攻との関わりを考察できる。

(4) 情報や意見を、グループ内だけではなく、全員で共有できる。

2) 活動の流れ

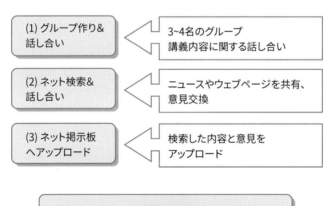

3) 活動のポイントと学習効果

(1) 教師の講義(事前活動)

・日本の「今」に関する様々な話題、たとえば、東京オリンピック、IPS細胞、ノーベル賞、マイナンバー制度、世界遺産、高齢化、韓流と嫌韓流、独島問題、アベノミックスなど、毎週2~3ほどの話題について基礎知識程度の講義をします。これまであまり接することのなかった話題に興味を持つようにします。

学習効果

・日本に関する学生の興味は偏っている傾向があるので、この活動を通して様々な話題に新たに触れることができます。

(2) グループ作り

・はじめは、隣り合わせの人と3人グループにします。2~3週ごとにグループを組み替えます。専攻や学年、性別を考慮したグループにすることを目指します。

学習効果

・専攻や学年、性別の異なる学生のグループでの活動によって、同じテーマについて多様な意見交換ができます。

(3) ネット検索＆話し合い

- ・講義内容についてまず3分ほど話し合います。関連する経験や聞いた話しなどを軽くグループ内で共有します。
- ・より詳しく調べて見たい項目をグループ内で決め、スマホをつかって検索します。検索結果は、ニュースやウェブページに限定し、ブログの内容は参考までにします。
- ・検索内容をグループ内で共有し、意見を交わします。

学習効果

- ・講義内容についての経験や聞いた話などを話し合うことで、あまり親しみのない学生同士でも話しやすくなります。
- ・興味のある内容についてスマホを使ってすぐ検索してみることによって、いろんなことを考えてみるきっかけにもなり、教室が活気づきます。
- ・情報検索の仕方や注意点も習得します。
- ・グループ内で意見交換をすることによって、多様な観点を持つようになります。

(4) ネット上の掲示板(キャンバス)へのアップロード

- ・ネット上の掲示板(linoit.com)へグループ別にアップロードします。
- ・検索した内容の要約や参考にしたURL、グループの意見などを1つの「付箋」の中に書き込み、ネット上のキャンバスに貼ります。キャンバスは全員で共有できます。

学習効果

・検索内容を要約することで、情報の理解にもつながります。
・他のグループの検索内容も共有できるので、短い時間に同世代の興味のある、大量の情報を得ることができます。

4) 学習者の感想・意見

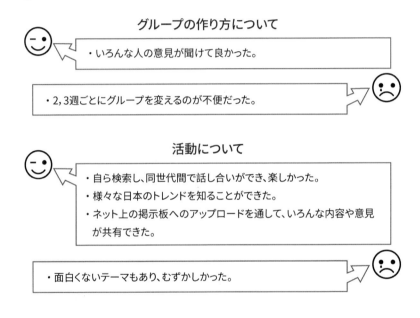

グループの作り方について

・いろんな人の意見が聞けて良かった。

・2,3週ごとにグループを変えるのが不便だった。

活動について

・自ら検索し、同世代間で話し合いができ、楽しかった。
・様々な日本のトレンドを知ることができた。
・ネット上の掲示板へのアップロードを通して、いろんな内容や意見が共有できた。

・面白くないテーマもあり、むずかしかった。

5) 活動を振り返って

　日本に関する学生の興味は旅行やファッションなどに偏っている傾向があります。より幅広いテーマについて考えさせるため、教師の講義では最小限の話題提供をし、学生自ら情報検索を

する活動をします。また検索した内容に関してグループ内での意見交換をします。これらの活動を通してこれまであまり考えてみることのなかった様々な話題に新たに触れることができ、日本についての基本知識を増やします。また他人との意見交換を通して、異なる側面からの多様な観点を持つようになります。

　なお、話し合いや検索、ネット上の掲示版へのグループ別のアップロードまでは個別な評価はしませんが、授業後の個人的なタスクについては個人点数を付与します。このとき、タスク提出の遂行を主な基準にします。

　＜ネット上の掲示板の例＞

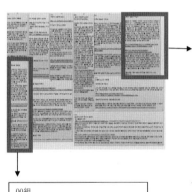

00組

000　000　000

日本の各企業が大規模の地震に備え対策を講じている。地震発生を速やかに把握、対策をとる、ビジネス持続プラン（BCP）を導入する企業が増えつつある。一例として自動車会社であるトヨタは（中略）韓国は地震や火山活動は少ないが、安全不感症のような安易な姿勢ではいけないと思われる。

参考URL

UN非常任理事国に関する話を聞いて、日本政府が最近は「平和と自衛」に関してどう考えているか調査した。

（後略）

参考資料

00組

000　000　000

日本の外務省が常任理事国への進出のため外交的努力を尽くしているようである。（中略）第3国への援助などを踏まえ、常任理事国になる日が来ると思われる。

参考したURL

日本には韓国の住民登録番号のようなものがなかった。（中略）マイナンバー制度の個人情報流出の問題などはこれから補完していくだろうと思われる。

参考したURL

（訳は、筆者による）

5. 異文化間コミュニケーション授業の協働学習

―プロジェクト学習でのグループ内の役割―

1ヶ月程度のプロジェクト型の協働学習を行う際に、事前アンケートで強みと適性を調べて、グループ内での役割を決めました。効果的に協働学習を行うための仕組み作りを紹介します。

活動概要

学習者数：5~6人グループ・全20~35人

日本語レベル：日本語レベルは問わない(韓国語で授業を行う)

活動形式：対面学習

活用教材・機器・教具

アンケート(役割決定の参考にする)

パソコン

パワーポイント

スクリーン

プロジェクター

映像編集アプリ(インタビュー動画など使用時)

1) 活動の目標

(1) プロジェクト学習を行う際に、各グループごとに関心の高い分野を選択して、文献のまとめ、インタビュー実施、発表の準備を通して、前半に知識として学んだことを深める。

(2) 多様な背景を持つメンバーと共に準備を進めながら異文化間コミュニケーションと多文化チームビルディング(多様な背景を持つ人との協働)を体感する。

(3) アンケートと役割分担を行い、4週間という準備期間、各自が自分の役割を認識し、グループ活動に貢献しやすくする。

(4) 自分の性格に適した役割を担うことで、より楽に強みを発揮できることに気づく。

2) 活動の流れ

```
― 事前活動(学期前半) ―
異文化間コミュニケーションの理論の講義
```

| (1)アンケート | ◁ | 各自がアンケートに答える。(詳細は後述) |

| (2)グループ作り | ◁ | 教師がアンケートに記述された関心分野、強みを参考にしてグループを分ける。 |

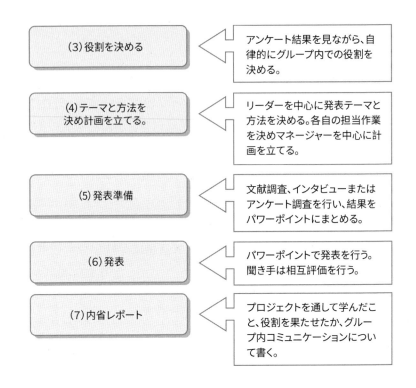

(3) 役割を決める	アンケート結果を見ながら、自律的にグループ内での役割を決める。
(4) テーマと方法を決め計画を立てる。	リーダーを中心に発表テーマと方法を決める。各自の担当作業を決めマネージャーを中心に計画を立てる。
(5) 発表準備	文献調査、インタビューまたはアンケート調査を行い、結果をパワーポイントにまとめる。
(6) 発表	パワーポイントで発表を行う。聞き手は相互評価を行う。
(7) 内省レポート	プロジェクトを通して学んだこと、役割を果たせたか、グループ内コミュニケーションについて書く。

3) 活動のポイントと学習効果

(1) アンケートの構成

・学習者たちの特徴をつかみ、より良いグループ活動ができるようにグループ分けをする前にアンケートを行います。

・アンケートの構成は授業や活動の内容によって変わりますが、(2)発表に関するスキルはグループ内での作業を決めるのに、(3)役割適性はグループ内の役割を決めるのに役に立つ項目です。

<アンケートの構成例>

(1) 言語・文化	母語、学習言語とレベル、母文化とよく知る文化
(2) 発表に関するスキル	調査、整理、インタビュー、発表に関するスキル
(3) 役割適性	普段の行動や性格の傾向に関する質問で役割適性を知る
(4) コミュニケーションスタイル	受け身、攻撃的、アサーティブの3タイプ
(5) 関心分野	授業のトピックから希望する順に2つを選択(文化の違い、社会的イシュー分析、異文化への適応、グローバルキャリア、異文化間コミュニケーションのリスク)

学習効果

・グループ分けをする前に学生の特徴を知ることができ、より円滑に活動できるメンバー構成を考えるのに参考になります。
・(1)関心分野は動機づけを保つため、(2)発表に関するスキルはそれぞれの得意分野を活かして学習するため、(3)役割適性は性格に適した役割を担うために役立つ項目です。(4)コミュニケーションスタイルはグループ内での円滑なコミュニケーションを考慮するのに役立ちます。

(2) アンケートの質問例

・アンケートの質問例では、協働学習のグループ分けに役立つ(2)発表に関するスキルと(3)役割適性の2項目を紹介します。
・(2)発表に関するスキルは、発表に必要とされる要素(文献調査と要約、インタビュー、統計、分析、発表内容をまとめる、パワーポイント作成、口頭発表、相互フィードバック)の内、自分

の得意な部分が何かが分かるようになっています。この結果を担当作業を決める時に参考にします。

<質問例>

1) 私は本やインターネットを通した調査が得意だ。

2) 私はインタビューが得意だ。

3) 私は資料を整理してパワーポイントにまとめるのが得意だ。

4) 私は人前でうまく話すことができる。

5) 私は分からないことがあると自分で調べる。

6) 私は調べた内容を文章にまとめることが得意だ。

7) 私は調べた内容を図表にまとめることが得意だ。

8) 私は面白くて奇抜なアイディアをよく思いつく。

9) 私は統計資料をよく理解することができる。

10) 私は論理的に資料を提示しながら説明することができる。

11) 私は他の人の発表にフィードバックをよくする方だ。

・(3)役割適性は、どのような役割を担った時に強みを発揮できるかを知るための参考になります。質問に対する解釈は一つではありませんが、一例として()内で役割を示しています。(リ：リーダー、マ：マネージャー、ファ：ファシリテーター、サ：サポーター)

<質問例>

1) 私は人の意見によく耳を傾ける方だ。(ファ、サ)

2) 私は人々が違う意見を持っている時、その間でうまく調整できる方だ。(ファ)

3) 私は長所と短所を比較して次の行動を決める方だ。(リ)

4) 私は計画を立てることが得意だ。(マ)

5) 私は計画の進捗状況を確認し、うまく進められるように人々を励ますことができる。(マ)

6) 私は人々の間に良い雰囲気を作ることができる。(サ)

7) 私は意見を言わない人がいたら、自分から話を聞いてみようとする。(ファ、サ)

8) 私は人々の意見を聞いて誰もがある程度納得できるように結論を出した経験がある。(リ)

9) 私は人の気持ちや言いたいことをよく理解できる方だ。(ファ、サ)

10) 私はアイディアの実現可能性をよく検討してから、実際にできるか判断する。(マ)

11) 私は人が疲れている時によく励ましたり、寄り添うことができる。(サ)

12) 私は社会をこうしたいというビジョンがある。(リ)

学習効果

・アンケートは、教師がグループ分けを行った後に学生に返却します。この際、それぞれの項目の見方を説明し自分でチェックすることで自己理解を深めるきっかけとすることができます。

・グループ内での担当作業や役割を決める際に、自律的に決めることを促すのに役立ちます。

(3) グループ内での役割

・授業でアンケート結果の見方と各役割の担う責任を説明し、役割適性の結果を参考にグループ内でリーダー、マネージャー、ファシリテーター、サポーターを決めます。

<役割と具体的な内容>

リーダー(1名)	グループ内の役割決定、最終的な決定を行う、講師との連絡(進捗状況報告、相談)
マネージャー(1名)	リーダーとメンバーの橋渡し、プロジェクトマネージメント(計画、作業分担と進捗状況確認、全体管理)
ファシリテーター(2名)	ミーティングの司会、グループ内のコミュニケーションがうまくいくように気を配り働きかける
サポーター(2名)	積極的な参加でリーダーを励ます、グループ内の士気が上がるよう働きかける、書記や会議室の予約など

・役割を決める際、リーダーやマネージャーに注目しがちですが、どれも責任のある重要な役割であり、各自の得意なことを活かした役割を選択することが大切であると学習者たちが認識できるように説明します。

学習効果

・グループ内の全ての人が役割を持つことにより、責任の自覚を促します。リーダーへの負担の偏りや不平等感を軽減する意味もあります。
・それぞれの役割の責任を明確にすることで、自分の責任を果たしやすくします。

(4) 発表準備の過程で

・学習者たちの自律的な調査を尊重しつつ、週に1度はリーダー
から講師への報告を促し、フィードバックを行います。他のメ
ンバーからも、授業の際に「今週したこと」「今週最もグループ
に貢献した人」を書いてもらいます。

・講義でも誤解の事例分析やロールプレイ、アサーティブコ
ミュニケーションを学び、グループ活動での円滑なコミュニ
ケーションに活かせるようにします。グループ内のコミュニ
ケーションに関しては、内省レポートの項目に入れ、実際にど
うであったか講師が把握できるようにします。

学習効果

・準備の過程は教師の目に見えないため、トラブルが発生してい
ても気づかないことがありますが、リーダーからの報告と各
メンバーから報告である程度は状況をつかむことができます。

・コミュニケーションの方法と誤解の事例分析は実際に起きう
るシチュエーションでするため、後にトラブルが起きた場合、
客観的に考えるヒントとなります。

(5) 内省レポート(自己評価と相互評価)

・内省レポートの項目として「グループ内での役割と具体的に
行ったこと及び学んだこと」「グループ活動で担当した作業と
そこから学んだこと」「グループ内でのコミュニケーション」
「グループに最も貢献した人とその理由」を提示し、活動を振

り返る機会とします。

学習効果

・自分の強みを活かしてグループに貢献できたかどうかを振り
　返ることにより、適性について考える機会となります。
・全員がそれぞれ違う役割を担ったことにより、グループでの
　力の発揮の仕方は多様であることを知り、個性を認めるきっ
　かけにもなるでしょう。
・グループ内でのコミュニケーションと最も貢献した人を書く
　ことにより、グループ活動に対する貢献とはどのような姿と
　行動であるか考える機会となります。
・教師がそのグループで起きていたことについて多角的に理解
　することができます。

4) 学習者の感想・意見

アンケートについて

・簡単なアンケートなのに自分の特性が浮き出て驚いた

グループ内の役割について

・適性に合う役割をして、本当に自分はこの役割が向いていると思
　った。
・サポーターは責任が軽いと最初は思ったが、皆を励ますために一
　生懸命取り組んだ。

5) 活動を振り返って

　何週間にもわたるグループ活動の場合、授業以外での作業が増え、教員から実際に何をしているのか、作業分担はどうなっているのかなどが見えにくくなります。その中でしばしば負担が偏り、リーダーだけが苦労するような状況を招きがちです。しかし、役割を決めておくことで、各自が果たすべきことがあると自覚させることができます。また、アンケート結果を元に役割分担を行うため、自分の強みや適性を知り、実際の活動を通して向き不向きを体感するという意味があります。グループ活動を単に授業のためだけに行うのではなく、自分の適性を知り、試していく機会として役立ててほしいという願いがあります。

6. 内省活動を組み込んだ授業

　　個別内省、内省シェアリング、メタ内省という一連の内省活動を組み込んだ日本語授業です。

活動概要

　　学習者数：4~5人グループ・全20~25人

　　日本語レベル：上級

　　活動形式：対面学習及びオンライン学習

活用教材・機器・教具

　　教室のパソコン

　　ビーム・プロジェクター

　　大学の学習支援システム「Cyber Campus」

　　ニュースの聴解資料

　　スクリプトシート、ワークシート、内省シート

1) 授業の目標

(1) 日本のニュースを題材に、日本語の語彙や文型、表現などの言語知識を習得し、聴解力や読解力、コミュニケーション能力などの言語スキルを身につける。

(2) ニュースの背景知識や現状を知ったうえで、批判的に捉える。

(3) 内省活動を通して内省活性化を促し、内省力を育む。

2) 授業の流れ

授業は、トピックごとに「事前課題」「全体活動」「ピア活動」「内省活動」の順に進められます。

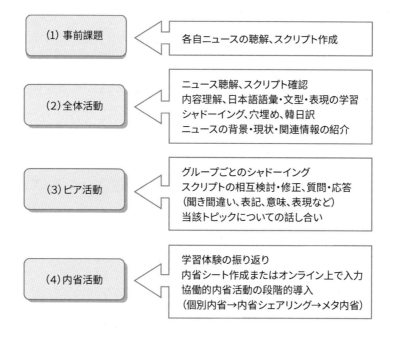

(1) 事前課題 — 各自ニュースの聴解、スクリプト作成

(2) 全体活動 — ニュース聴解、スクリプト確認
内容理解、日本語語彙・文型・表現の学習
シャドーイング、穴埋め、韓日訳
ニュースの背景・現状・関連情報の紹介

(3) ピア活動 — グループごとのシャドーイング
スクリプトの相互検討・修正、質問・応答
(聞き間違い、表記、意味、表現など)
当該トピックについての話し合い

(4) 内省活動 — 学習体験の振り返り
内省シート作成またはオンライン上で入力
協働的内省活動の段階的導入
(個別内省→内省シェアリング→メタ内省)

3) 活動のポイントと学習効果

- 学習活動のうち、内省活動を中心に紹介します。例えば『時事日本語』授業における内省活動は、「個別内省」「内省シェアリング」「メタ内省」のような順で段階的に進められます。
- コースの前半は内省シートを用いた個別内省のみ行い、後半は個別内省と並行して内省シェアリングをし、そして最後にメタ内省をもって締めくくります。

(1) 個別内省

- 内省とは、自分の学習体験について新たな理解や評価を見出すために、その体験を探る認知的・情意的活動のことです。つまり、授業で何を学んだか、活動ではどんなことが行われ、自分は何をしていてどうだったか、また何を考え、感じたかを、注意深く吟味することをいいます。
- 自分を見つめることに慣れておらず負担を感じる学習者のために、次のような内省項目が記された内省シートを用意し、何をどう考えればいいかが分かるようにします。
- 内省内容を言葉にして外化することで、自らの思考や感情がまとめられるようにします。その際、韓国語か日本語、書きやすいほうにしましょう。
- 教室外活動(宿題)か教室内活動(授業中)、どちらでもいいんですが、なるべく十分な時間を与えるようにしましょう。

【内省シート】	名前（　　　　　　　　　）
10. 食料自給率	

1）授業前：何が、どの程度できたか

何が、どの程度できたか／できなかったか	よりできるようになるために、どうすればいいと思うか

2）授業中：何が、どう充実したか

何が、どう充実したか／充実しなかったか	より充実していくために、どうすればいいと思うか

3）授業後：ニュースの内容や映像、話し合い、発表などを通して感じたことや考えたこと

学習効果

・事前課題から全体活動、ピア活動までの学習活動に対する個別内省を通して、内省そのものへの意識化を図ります。

・自分の学習体験をありのまま直視し、その出来具合や満足度に焦点を当てて評価し、それを言語化して外化するといったことが意識的に行えるようになります。

(2) 内省シェアリング

・内省シェアリングとは、学習者同士で内省内容を共有する活動のことです。オンライン上の学習支援システムなどを活用して学習者個々人の内省を入力するようにし、みんなで共有します。さらに、他の人の内省についてコメントを書く活動を加えてもいいでしょう。

・内省シェアリングの際、次のような内省項目を与えますが、気

づきや学びについて漠然とした文ではなく、その内容について具体的に書くよう促します。

・コメントには、当該内省に対する感想や意見、共感したところ、確認や質問したいことなどを書くようにします。

【内省項目】

「10. 食料自給率」「11.増大する食品ロス」「食の問題」の授業後
1. 食の問題に対する「自己の認識変化」
1-1. 活動の前：自分は飢餓など食の問題について、
　　① あまり知らなかった　　② 知っているつもりだった
　　③ 大体知っていた　　　　④ その他
1-2. 活動の後：授業や活動を通して、食の問題について、
　　ⓐ 今まで知らなかったことを知ることができた
　　ⓑ 今まで間違っていたことや誤解が再考できた
　　ⓒ 今まで知っていたことがより強化・補完できた
　　ⓓ 今まで知っていたことと異なるものが多く、新たな疑問が生じた
　　ⓔ その他
2. 1の内容(何がどのように変わったか)を具体的に書きなさい。

【内省シェアリングとコメント】

3. オンライン上で入力し、共有する。
4. 他の人の内省から一つを選び、コメントを書く。

学習効果

・内省シェアリングは個別内省とは違って内省がみんなに公開され、自分の考えをうまく伝えようとするため、自己内対話がより進むことになると思われます。他の人の内省を読むこと

で自分とは違う視点に気づいたり、再考するきっかけとなり、視点が拡大・深化することも期待できます。
・学習活動について内省、共有、コメントし合うことで、内省がより活性化します。
・思考への自覚が促され、自他の考えや意見がより批判的に捉えられます。

(3) メタ内省

　メタ内省とは、内省活動そのものを内省の対象とする活動のことです。これまでの内省活動を振り返り、役立ったことや影響されたことを吟味することで、内省活動の意義に気づいてもらうことがねらいです。

【メタ内省】

・内省活動への内省
1. 内省活動の有効性：この授業での内省活動が自分にとって役立ったか、どのように役立ったか。
2. 思考・行動への影響：内省活動が自分の思考や行動に影響を与えると思うか、それはどんな影響なのか。

学習効果

・メタ内省を通して、学習活動のプロセスや成果を把握・評価して改善に導いていくことができ、自己学習能力(学習者自ら主体的に学ぶ能力)の育成を促すことができます。

・思考への自覚や批判的思考態度を持つことにつながります。

4) 学習者の感想・意見

 ・自分がどのように考えているか、どんな人間なのかを知ることができ、一人の人間として成長するきっかけを生み出せる。

 ・内省シートの様式が決まっていて、同じような内容を書くことが多かった。

 ・内省のため繰り返し考えることで、自分の言いたいことは何か、立場はどうか、段階的に根拠を見つけ出して述べられるようになった。

 ・授業中には気づかなかった自分の意見の矛盾点などに気づくことができ、自分の視野や考え方が広がった。

 ・自分の長所や短所を知るよい機会になったが、実際にどうしたら改善できるのか分からなかったり、改善に至っていないこともあった。

 ・内省共有によって知識と思考の幅が広がり、より効率的で深い学びができる。

 ・気づきや学びを言葉にすることで整理でき、今後の基準や計画を立てるのに役立つ。

5) 活動を振り返って

　個別内省・内省シェアリング・メタ内省のような一連の協働的内省活動により、学習者には内省そのものに対する意識が芽生え、内省の効果や影響をも認識するようになったのではないかと思われます。しかしこれらの効果が得られるためには、学習者がより能動的に内省していけるまで、ときには教師の引っ張りが必要なのかもしれません。また、教師のフィードバック(内省へのコメントなど)も動機づけになるでしょう。このような内省活動を行ううえで大事なのは、単発的にやって終わるのではなく、段階的かつ持続的に進め、とにかく最後までやり遂げることにあるように思えます。そうすることで、教師のサポートという足場を取り外しても学習者が自らの学習を内省しつづけ、それを反映して自律的学習に向っていけるのだと思います。

7. 初級日本語クラスでのグループ作り

教養科目の初級日本語クラスで、協働学習を行いました。専攻が異なる学生たちをどのようにグループ分けしたらいいか、グループ作りの事例を紹介します。

活動概要

学生数：3, 4人グループ・全12人~14人

日本語レベル：初級

活動形式：対面学習

活用教材・教具

教科書とタスクシート、カード、レアリア教材など

プロジェクター(文法説明、文法練習、画像や写真紹介など)

1) 活動の目標

【協働学習を取り入れる目的】

・**協働学習**から、聞き合う・教え合う・助け合う行動を導き、様々なグループワークを通してメンバー同士に連帯感が生まれ、良い雰囲気をクラス全体にもたらす。

【学習到達目標】

・教養日本語(1)で設定する文法項目を覚え、学習者同士で行う練習を通して、4技能の能力を高める。

2) 授業の流れ、及び授業形態ごとの学習内容

・授業の流れ

1週間に50分の授業を3コマ、15週間行います。

授業の中では、学習内容ごとに一斉学習、個人学習、グループ学習に分けて行います。

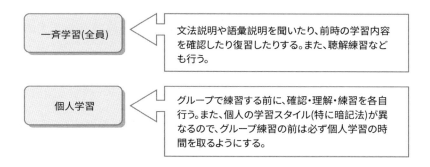

一斉学習(全員)	文法説明や語彙説明を聞いたり、前時の学習内容を確認したり復習したりする。また、聴解練習なども行う。
個人学習	グループで練習する前に、確認・理解・練習を各自行う。また、個人の学習スタイル(特に暗記法)が異なるので、グループ練習の前は必ず個人学習の時間を取るようにする。

| | グループ学習 | ← | 新出の文法項目や言葉の確認は、全体で読んだ後、再度グループで行う。グループでできる全ての活動を行う。また、練習問題の答え合わせと誤字脱字の確認も行う。 |

3) グループ作りのポイント

― 3人グループの例 ―

	生徒A	生徒B	生徒C
日本語学習の経験の有無	○	○	×
学年	2年生	4年生	1年生
性格	静か(消極的)	活発(積極的)	明るい
高めたい能力	読むこと	話すこと	話すこと、読むこと
好きな学習形態	個人・ペア	ペア・グループ	すべてOK
学習者意識	やや否定的	肯定的	やや肯定的
リーダーシップ		◎	

(1) 工夫した点

・学習経験がある人を必ず一人入れます。(学習経験がある人のみ、ない人のみのグループは作りません。)

・学年、性別、高めたい能力、好きな学習形態などはある程度分散させ、固まらないようにします。

・学習者意識はグループワークに対して肯定的か否定的か、社交的か内向的かなど予め質問紙や面談、2週目までの授業態度

(ペアワークやグループワークの姿勢など)を通して把握して
おきます。

・上記の下線部の要素を総合的に判断し、リーダーシップがとれ
そうな学習者1名を各グループに配置します。

— 4人グループの例 —

	生徒A	生徒B	生徒C	生徒D
日本語学習の経験の有無	○	○	×	×
学年	3年生	2年生	4年生	1年生
性格	活発(積極的)	明るい	静か(消極的)	静か(消極的)
高めたい能力	話すこと	話すこと 読むこと	読むこと 書くこと	話すこと
好きな学習形態	個人・グループ	ペア・グループ	個人・ペア	個人
学習者意識	肯定的	肯定的	やや肯定的	やや否定的
リーダーシップ	◎			

(2) 留意点

・学習レベルが向上すると自信がついて、自発的にグループワーク
に参加するようになったり、積極的に教え合うようになっ
たりするので、2度目からのグループ作りは表の作り方を参考
にして、教師の授業観察記録も含めて行う方がいいです。

・休み時間の過ごし方を観察し、グループごとの雰囲気や仲間
関係を把握して、グループ作りの参考にするといいです。

4) グループワークの様子

【教師の役割-写真1と写真2-】

　教師は教室を回りながら見守ります。ヒントを求められても答えません。ストップウォッチで時間を測って、練習時間を管理します。

写真1

動詞カードを使って練習している様子。

【教師の役割-写真2-】

　終わったグループから教師が答え合わせをします。間違っていたら、答えが出るまでメンバーの力で解かせます。

写真2

問題用紙一枚を意見を出し合いながら解いている様子。

5) 学習者の感想・意見

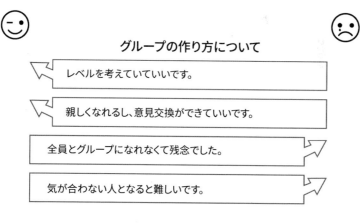

グループの作り方について

レベルを考えていていいです。

親しくなれるし、意見交換ができていいです。

全員とグループになれなくて残念でした。

気が合わない人となると難しいです。

グループ替えの頻度について

この方法(3度替えること)がいいです。

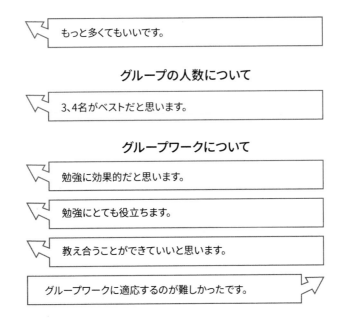

もっと多くてもいいです。

グループの人数について

3、4名がベストだと思います。

グループワークについて

勉強に効果的だと思います。

勉強にとても役立ちます。

教え合うことができていいと思います。

グループワークに適応するのが難しかったです。

6) 活動を振り返って

　協働学習を取り入れても、うまくいかない場合は次のことが考えられます。

・グループ形態の授業をなぜ行うのかを学習者に説明しない。
・学習者にグループ作りを全て任せてしまう。
・グループワークの手順をきちんと説明しない。
・学習者の親しくなる時間を作らずに授業の練習だけひたすら、グループで行う。
・グループワークの貢献度(頑張り度や積極な姿勢など)を全く評価に含めない。

初級授業で協働学習を取り入れることを難しいと思う教師も多いと思いますが、教師の準備や仕掛け次第で、学習者同士で協力し助け合う協働学習ができます。また、協働学習を授業に取り入れることは準備に時間がかかり負担に感じることもありますが、学習者一人一人をより観察するようになり、授業を振り返る時間も増え、修正改善できます。協働学習を通して、学習者の成長だけでなく、教師の教師力向上も期待できる学習法だと思います。

8. 就職関連授業の事例

就職活動における面接や書類作成の土台となる「自己分析」をペア・グループで協力して行うことで、より客観的な分析が行えるようにする活動です。

活動概要

学習者数：2~4人グループ・全20人

日本語レベル：中級後半~上級

活動形式：対面学習

活用教材·機器·教具

教材『就職のための日本語』(2013)角ゆりか、大田祥江、多楽園

1) 活動の目標

(1) 就職活動を行う際の土台となる「自己分析」を深めます。

(2) 分析結果を応募書類作成に反映し、面接時に表現できる言語スキルを身につけます。

(3) 協働的な授業形態により、企業が重視するコミュニケーション能力の向上を図ります。

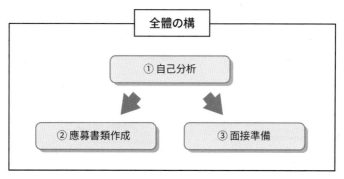

2) 活動の流れ

・自己分析のテーマは以下の通りです。授業はテーマごとに「語彙・表現学習」「活動1」「活動2」「発表・課題」の順序で進めます。

〈テーマ〉

1. 成功体験　　　　　　　　　　　【過去】⎫
2. 困難にあった経験　　　　　　　【過去】⎬
3. 大学生活でがんばったこと　　　【過去】⎬ 自分
4. 好きなモノ・コト　　　　　　　【現在】⎭

5. 性格(長所・短所)　　　　　　　【現在】
6. キャリアプラン　　　　　　　　【未来】
7. 企業研究
8. 志望動機　　　　　　　　　　　　　　　　　企業

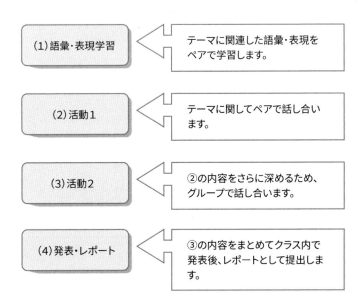

(1)語彙・表現学習	テーマに関連した語彙・表現をペアで学習します。
(2)活動1	テーマに関してペアで話し合います。
(3)活動2	②の内容をさらに深めるため、グループで話し合います。
(4)発表・レポート	③の内容をまとめてクラス内で発表後、レポートとして提出します。

3) 活動のポイントと学習効果

(1) 語彙・表現学習

・テーマについて話す際に必要となる語彙と表現を学習します。
・教師による一方的な講義ではなく、学習者同士がペアで教え合うようにします。

学習効果

・自分の言葉で説明することやペア活動の練習になるとともに、学習内容の定着をはかることできる。

(2) 活動1

・宿題としてあらかじめ、各課のキーワードに関して思い浮かぶ単語をワークシートに書いておきます。
・その中から特に印象深かったものを2つ選択し、その内容をパートナーに対して詳しく口頭で説明します。
・2つのうちどちらがより印象深いストーリー作りができるかをパートナーと相談して1つに絞ります。

留意点

・事前にキーワードを考えてくることで、授業ですぐに活動に取り組めるようにしました。
・話す際にはこの課で学習した語彙や表現を使うよう促します。

(3) 活動2

・最終的に残った一つのストーリーからさらに深い話が引き出せるよう、グループメンバーが効果的だと思われる質問をします。
・質問に口頭で答えながら、ストーリーを練り上げていきます。

学習効果

- グループ間で詳細を質問し合うことで、教師ひとりではアドバイスしきれなかった内容まで深めることができます。

(4) 発表・レポート

- 授業内で話し合った内容を「まとめ」シートに記入します。
- 教室で発表します。
- さらに宿題で、話し合った内容を再構成して文章化しレポートにまとめて提出します。
- 教師はそれに対しコメントし、返却します。

留意点

- 相対評価で成績が出る韓国の大学のシステムに配慮し、レポートは個別に提出するようにしました。
- 活動後のレポートがあることで、授業中に話し合った内容を最終的に一人で熟考の上、再構成し文章化する機会とします。

4) 学習者の意見・感想

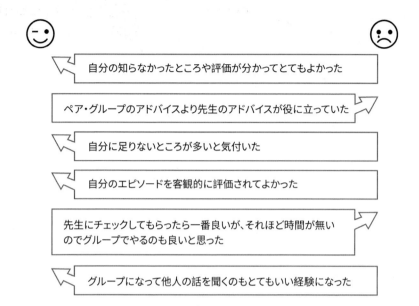

自分の知らなかったところや評価が分かってとてもよかった

ペア・グループのアドバイスより先生のアドバイスが役に立っていた

自分に足りないところが多いと気付いた

自分のエピソードを客観的に評価されてよかった

先生にチェックしてもらったら一番良いが、それほど時間が無いのでグループでやるのも良いと思った

グループになって他人の話を聞くのもとてもいい経験になった

5) 活動を振り返って

・クラスメイト同士で協働作業することで、教師ひとりではアドバイスしきれなかった内容まで自己分析に組み込むことができました。
・お互いの書いた内容を確認し合うことで、説得力があるわかりやすいストーリー作りについて気づくことができ、自分自身の成果物をより客観的な視点で再構成することができるようになりました。

【教材例】(1) 語彙・表現学習

第1課 成功体験

就職活動でよく聞かれることのひとつが「成功体験」です。しかし、面接官は自慢話を聞きたいわけではありません。成功体験を聞くことで、学生がどのような工夫をして何を学んだのか、その経験をどう生かしているのかを知りたいのです。成功の大きさではなく、学んだことの大きさをアピールしましょう。

話してみましょう

① どんなときに成功したと感じますか。

例 表彰されたとき、人から認められたとき、試合で活躍できたとき…

→

② 成功するためにはどんなことが必要だと思いますか。

例 一生懸命に努力すること、周りの人と協力すること、モチベーションを上げること…

→

③ 人生における成功とは何だと思いますか。

例 お金持ちになること、幸せな結婚をすること、歴史に名を残すこと…

→

ことば

成功体験について話すときよく使うことばです。知っていることばにチェックを入れましょう。

☐	打ち込む	勉強に〜
☐	活躍	〜する
☐	工夫	〜する、〜を重ねる 類 試行錯誤する
☐	貢献	〜する
☐	コツ	〜をつかむ、〜がわかる
☐	こなす	使い〜、仕事を〜
☐	表彰される	「表彰する」の受身 類 受賞する、賞をとる、入賞する

☐	認められる みと	「認める」の受身
☐	恵まれる めぐ	「恵む」の受身、才能に～
☐	モチベーション	～を上げる、～を維持する、～が高い / 低い い じ

やってみましょう

次の文章に最もふさわしい単語を上のリスト内から選び、必要があれば適切な形にして書いてください。

① 野球の試合でホームランを打ち、チームの勝利に＿＿＿＿＿＿＿＿した。

② 最初は失敗ばかりだったが、練習を繰り返すうちに＿＿＿＿＿＿＿＿がわかってきた。

③ １年間のイギリス留学で、ある程度の英語を使い＿＿＿＿＿＿＿＿ようになった。

④ はやく一人前として＿＿＿＿＿＿＿＿よう、毎日練習しています。
いちにんまえ

⑤ 目標を達成するためには＿＿＿＿＿＿＿＿を維持することが大切だ。

(2) 活動1

成功体験について話すときよく使う文型

1 ～末(に) ～한 끝에
すえ

・猛練習の末、やっとうまく使いこなすためのコツがつかめた。
もうれんしゅう

・100社近い会社の面接を受けた末に、ついに採用がもらえた。
めんせつ

Step 1 「～末に」を使って文章を完成させてください。

① 長時間にわたる会議 / ようやく結論が出た。

→ ＿＿＿＿＿＿＿＿＿＿＿＿＿＿＿＿＿＿＿＿＿＿＿＿＿＿。

② 家族ともよく話し合う / 大学院に進学しないことにした。

→ ＿＿＿＿＿＿＿＿＿＿＿＿＿＿＿＿＿＿＿＿＿＿＿＿＿＿。

③ ３年に及ぶ遠距離恋愛 / 来年の春に結婚することになりました。
えんきょり れんあい

→ ＿＿＿＿＿＿＿＿＿＿＿＿＿＿＿＿＿＿＿＿＿＿＿＿＿＿。

あなた自身のことについて書いてみましょう。

_____は最初難しく思えたが、練習の末、うまくできるようになった。

2 **〜なりに・〜なりの** ~나름대로, ~나름의

・少しずつでも、自分なりに前進していけるようがんばります。

・中小企業には中小企業なりの良さがある。

Step 1 次の語を正しい順に並び替えてください。

① (悩みも / 就職したら / なりの / 出てくる / 就職した)だろう。

    → _____。

② (なら / ない / できる / なりに / 安く / お金がない)方法を探せばいい。

    → _____。

③ 結果は出せなかったが、(よく / 彼らは / がんばった / 学生なりに)と思う。

    → _____。

Step 2 あなたの考えを書いてみましょう。

_____よう、今後も自分なりの努力を続けていくつもりです。

3 **〜て(も)もともと** ~해도 본전치기다, ~해도 손해가 없다

・ビリでもともとだと思い大会に参加したが、運に恵まれ3位入賞した。

・次の試合相手は昨年の優勝チーム。負けてもともとだから、思い切ってやろう。

Step 1 (　　　)を「〜て(も)もともと」を使って書き換えてください。

① あの会社は倍率がとても高い。(落ちる)、履歴書だけでも出してみよう。

    → _____。

② 片思いの相手に、(ふられる)と思い、勇気を出して告白してみることにした。

    → _____。

③ いくら電話してもつながらない。(会えない)、とりあえず、直接行ってみよう。

    → _____。

Step 2 あなたの考えを書いてみましょう。

だめでもともとだと思い、＿＿＿＿＿＿＿＿＿＿＿＿＿＿＿＿＿みようと思う。

活動

ペア・グループ活動 ❶

これまでの人生をふり返り、アピールできる成功体験について考えてみましょう。

① サンプルを参考に、次のページにあなたの成功体験を書いてください。

② 書いた中から特に印象深かった出来事を2つ選び、丸を付けます。
   （必ず大学時代から1つ以上選ぶようにしましょう。）

③ ペア・グループになり、選んだ2つの項目について話しましょう。
   ・いつのことか
   ・それに関する詳しい説明
   ・そのためにどんな（努力、準備）をしたか
   ・その他［何でも自由に］

 答える際はこの課で習ったことばや文型を積極的に使ってみましょう。

ワークシート サンプル

■ 小学校
　　　　　　　　　　小さな経験でもとりあえず書いてみる
・鉄棒で逆上がりができた
　てつぼう　　ぎゃくあ

■ 中学校
・英語スピーチ大会で入賞した

　　　　　　　　　　学内のイベントでもよい
■ 高校
・読書感想文が校内最優秀賞に選ばれた
　　　　　　　　　　さいゆうしゅうしょう
・第一希望の大学に合格できた

■ 大学
・日本語と英語の能力検定に合格した
・商品アイディアコンテストで入賞した
・大学に入ってからはじめたテニスが上手にできるようになった

(3) 活動2

前のページで話した2つの項目の中から、特に印象深かったものをパートナーと相談しながら
1つだけ選びます。その注目ワードについてさらに面白くて個性が感じられる話が引き出せる
よう、パートナーは効果的な質問を3つ考えて書いてください。

ワークシート サンプル

注目ワード：商品アイディアコンテスト入賞

■ 質問

① どういうきっかけで作ろうと思ったのですか。

② どこでコンテストの情報を得たのですか。

③ 勝因は何ですか。
  しょういん

(4) 発表・レポート

まとめ

この課で考えてきた自分自身に関する内容を各項目別に、箇条書きでまとめてみましょう。最
後の項目は30ページの【活動❷】で出た質問の中から選びましょう。

■ 成功体験
  例 商品アイディアコンテストの文房具部門に応募して入賞

■ それについての詳しい説明
  例 履歴書を手書きで書き終えた後、印鑑を押すときに失敗して一から書き直した経験
    から、きれいに消せるスタンプインクがあればいいのにと思った。

■ 工夫したこと
  例 似ている商品との違いをアピールした。

■ 経験から得たこと
  例 アイディアは日常生活の色々なところに転がっている。
                              ころ

■ 質問[   ]
  例 質問[③ 勝因は何か] → 実用的、かつ個性的な商品を提案した。

9. SNSを利用した日韓交流学習における教師の協働

韓国の大学の日本語教室と日本の大学の韓国語教室をSNSでつないだ交流学習を行いました。教師の協働と学習デザインに焦点を当てて紹介します。

活動概要

学習者：3~4名グループ(全20~25人程度)

日本語レベル：初級

活動形式：対面学習及びオンライン学習

活用教材・機器・教具

Facebookの非公開グループ

パソコン及びスマートフォン

プロジェクター

動画編集アプリ

1) 活動の目標

・日本語学習者と韓国語学習者がSNSのグループページを通して
　つながります。各クラスで作った動画をアップロードし、互い
　に感想のコメントをつけて、励まし合いながら学びます。
・同じクラスの学習者同士がグループで動画を作成し、様々な
　アイディアを出し合い、助け合いながら学習言語で発信でき
　るようになります。
・韓国の日本語学習者は、日本の大学で韓国語を学ぶ学生たちと
　の交流学習を通して実践的な日本語会話にチャレンジします。
・日本の韓国語学習者は、ごく身近な話題についてクラスの人
　や韓国語を使用する人々と韓国語でコミュニケーションする
　能力を身につけます。また、教室から社会へ目を向け、自己実
　現するための様々な能力(言語以外にも文化、ICTスキルや高次
　思考力、協働など)を身につけます。

2) 活動の流れ

```
          ― 事前活動 ―
教師による交流学習のオリエンテーション
       Facebookグループ作成
```

```
(1)「自己紹介」動画  ◁  台本作成、動画撮影、動画編集、アッ
                        プロード、他の人の動画にコメント
```

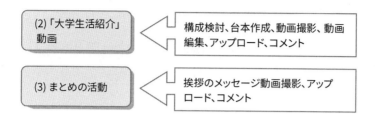

3) 活動のポイントと学習効果

(1) オリエンテーションと随時の調整

- この事例では、Facebookの非公開グループを利用した動画の交換を2回行いました。2つの教室で、授業の目的や構成が異なる中で交流学習を行うため、十分な調整をしなければなりません。

- 学習者たちの経験が異なることを十分に配慮し、交流におけるマナーなどを指導するオリエンテーション及び随時の観察とフィードバックが必要です。

- 交流学習とは何か、実際にどんな活動をするのか学習者たちがイメージできるように、オリエンテーションでは視覚資料などを用いてよく説明した方が良いでしょう。

学習効果

- 学習言語を学びながら、すぐに使う機会があるため「活きた目標」が生まれます。

- 相手からの反応が返ってくることにより、本物のコミュニケーションを体験できるため、動機の高まりが期待できます。

2）教師の活動と教師間の協働

・時期や教室活動に合わせ、教師の活動や教師間の協働は以下の
　ように進めました。

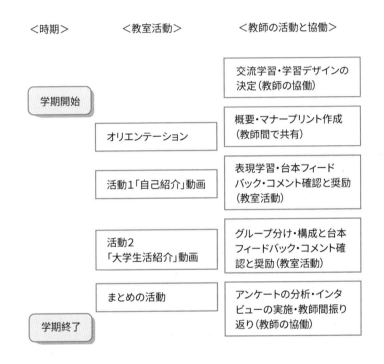

・学期が始まる前に、教師同士で綿密に計画を立て課題の内容や
　進め方を共有します。
・それぞれの学習者の様子やグループ内でのコメントなどをよ
　く観察し、状況を十分に共有します。
・学習者たちがお互いに気持ちよく交流できるように、心配な
　点などがあれば話を聞き、フィードバックを行います。

4) 学習者の感想・意見

<表現>   <教室活動>   <教師の活動と協働>

「自己紹介」動画の作成

おもしろい経験だった。(日本、韓国)

このために必死で台本を覚えたので、今でも身について
いる。(日本)

自分が話すのを見てモニタリングできた。(韓国)

緊張して何度も取り直して大変だった。(韓国)

「大学生活紹介」動画の作成

クラスメートと一緒にしたので、緊張せず楽しくできた。
(韓国)

どうしたら伝えたいことが伝わるか、工夫してできた(日本)

言葉って使ってこそ覚えることができるのかも(日本)

授業外で時間を合わせて作業するのは大変だった。(韓国)

コメントのやり取り

コメントがつくと自分の話すことが伝わったんだと分かっ
て嬉しかった。(韓国)

「大学生活紹介」動画の作成

現地の人ならではの生きた日本語を覚えた。(韓国)

「大学生活紹介」動画の作成

交流相手がアップしてくれた動画を参考にできた。(日本)

現地の生活が垣間見えた (韓国) 現地ならではの情報が
あった (日本)

交流

他の授業ではできない経験だった。(韓国)

友達になれそう、親しみが湧いた (韓国、日本)

動画を二回交換しただけでは、親しくなった感じはしない。
もっと交流が多ければ良かった。(韓国)

直接話す機会があれば良かった (日本、韓国)

5) 活動を振り返って

　交流学習は学習者にとって新しい経験であることが多いため、比較的好意的に受け取られる傾向があります。一方で、交流学習で何をするのかに関するイメージの共有が不十分な場合、期待と現実のギャップが生じる可能性があります。

　学習者たちの感想からは、動画中心の交流では親しくなるには足りないと感じることが分かったため、この後の交流学習では実際に話す機会を設けるようにデザインを変更しました。このように、学習者の反応をよく見ながら、柔軟に学習のデザインを調整していくことも大切です。教師間では互いの教室のシラバスやプ

リントなどもできる限り共有し、授業での様子も随時互いに報告しながら進めていきます。交流学習を成功させるためには、このような教師間の綿密な協働が不可欠です。

10. オンライン学習システムを
活用した協働学習

オンライン学習システムを活用して発表の手順や方法を事前学習し、それをもとにグループで会議を行い、興味のあるテーマについて発表する協働活動です。

活動概要

学習者数：4~5人グループ・全40名程度

日本語レベル：上級

活動形式：対面学習及びオンライン学習

活用教材・機器・教具

パソコン40台・

Smart campus(オンライン学習システム)

プロジェクター

1) 活動の目標

・対面授業で基礎知識を習得し、オンライン学習システム(S
mart campus)で事前準備ができるようにします。
・グループによる会議を通してグループ全体の主張をまとめる
ことができるようにします。
・グループの意見を参考にして個人の意見をまとめ、プレゼン
テーションができるようにします。
・活動全体を振り返り、良かった点や改善点を確認できるよう
にします。

2) 授業の流れ

・授業の流れ
(1) 授業は、50分×3時間を15週行います。
(2) 15週のうち中間考査が行われるまでの7週間は教科書を
使って「日本語の地域差」「ことばの位相語」「現代語に残る古
典語」等について学習し、その間に学生は興味、関心のある
分野を決定します。
(3) グループ発表の準備をします。
(4) グループ発表をします。
(5) 学生同士による相互評価をします。

(1週~7週)教科書で日本語学の基礎を学習→(8週)中間考査→
(9週~12週 Smart campus 活用)グループ分け→発表準備→
グループ発表→学生による相互評価

活動の流れ

```
          ─ 事前活動 ─
     対面授業とオンライン学習
```

| (1) グループ作り | ・テーマ(共通の関心事)の選定 |
| テーマ選定 | ・グループは関心事によって決定する |

| (2) グループ会議 | ・各自が考えた内容を皆で検討 |
| による内容検討 | ・全体の構成をまとめる |

| (3) 発表のための | ・全体の構成を決定し個人の資料作成 |
| 資料と原稿の作成 | ・発表用資料を作成し練習する |

| (4) グループ発表 | ・発表と質疑応答 |
| | ・相互評価 |

```
          ─ 事後活動 ─
     良かった点と改善点を考える
```

3) 活動のポイントと学習効果

(1) 授業方法に関する学習効果とグループ作り及び発表の留意点

授業方法に関する学習効果

　基礎知識を身に着けながら関心のある分野を決定し、発表の準備をするので、無理なく発表の準備ができます。

　グループのメンバーは同じテーマに関心があるので、お互いに協力し合って、よりよい発表ができるようになります。

グループ作りのポイント

① 学生達の関心のあるテーマによってグループを決定します。
② 一つのテーマに多くの学生が集まった場合は4～5人ずつのグループに分けます。

発表のポイント

① 教師は学生が発表する前に発表用資料や発表原稿を確認します。
② 教師は学生が発表時間(一人3分)を守るよう指導します。

(2) オンライン学習システム (Smart campus)

　Smart campus とは、本学のオンライン学習システムの名称で、オンラインを活用して事前準備をし、教室では事前準備をもとにグループで話し合い等を行います。

Pre-class	学生は Smart campusで10分程度の コンテンツを見ながら事前準備をする。

Smart campus

In-class	事前準備をもとにグループで話し合 い、全体のテーマを決定すると共に 各自の研究を進め、発表の準備をする。

(3) オンライン学習システムによる事前学習の内容

① 発表題目を決定します。

② 発表手順を理解します。

③ レポートの書き方を理解します。

④ 学生同士の評価の仕方を理解します。

(4) オンライン学習システム活用のポイント

① オンライン学習システムに慣れていない学生がいる場合には事前に丁寧に説明する必要があります。

② 授業を履修している学生全員が事前準備ができるよう指導します。

学習効果

　オンライン学習システムの活用により、対面授業の前に準備することができるので、グループの会議をより充実させることができます。

4) 学生による相互評価

　教師の評価とは別に学生による相互評価を実施します。

評価項目の例

① 発表の内容はよかったか
② 日本語は聞き取りやすいか
③ 時間は守れたか
④ 準備はしっかりできているか
⑤ 見ていた学生の反応はどうであったか　等

相互評価に関する留意点

① 評価項目の数はグループの数と同じにし、各グループが一つの項目を評価するようにすると評価に時間がかかりません。
② 評価表はグループごとに1枚ずつ配布し、グループごとの発表後に評価のための時間を設け、グループのメンバーが相談して点数を決めるようにします。

学習効果

　学生による相互評価を実施することによって、自分のグループの発表のときだけでなく、他のグループの発表にも集中できるようになり、授業への参加度、集中度が高まります。

5) 学習者の感想・意見

今まで経験したことのない授業方式で、少しとまどいもありましたが、実際にやってみると授業の内容についてたくさん考えることができ、少しでも自分から何かを発言することができたと思います。

パソコンを使って Smart campus を活用しました。先生の声を聞いて、PPTをみて勉強するのがよかったです。

いい勉強法だと思います。何よりも授業の内容を易しく習うことができました。

コンピュータが使えない人がいるとか、Smart campus の説明を授業で話すことが少し多かったとか、問題があったと思います。

新しいやり方を説明することは良いことですが、説明が毎回続いたら Smart campus の意味が弱くなるのではないか、と考えました。

内容が少し難しかったです。宿題も難しかったです。でも、研究は面白かったです。

6) 活動を振り返って

　Smart campus を活用した協働学習を初めてする学生が多かったので、大学の Smart campusシステムで、10分間のコンテンツを視聴する方法が分からなかった学生がいて、最初はうまくいかないこともありました。しかし、事前準備をしてから発表の準備をしたので、例年に比べて内容の濃い発表になったと思われます。留

意事項としては、協働学習を始める前に Smart campus 活用の意義やコンテンツ視聴や課題提出の方法について丁寧に説明する必要があったと思われます。

発表のテーマ

① 死語　　　　② ことわざ　③ 和製英語　　④ 流行語
⑤ 時代による言葉の違い　　⑥ 擬態語、擬声語
⑦ ネット用語　⑧ 方言(3つのグループ)　　⑨ 位相語

発表資料の一部

【テキスト】

庵功雄・日高水穂・前田直子・山田敏弘・大和シゲミ（2011）
『やさしい日本語のしくみ』くろしお出版

第Ⅲ部

協働学習の実践研究

韓国における日本語協働学習

> ここでは、韓国で発表された実践研究を概観します。これまでどのように実践が行われ、そこにどんな発見が見られたのか。そして導き出された提案や課題は何かなどその特徴を見ていきます。

1) 日本語教育と協働学習

　韓国で第2外国語として日本語を学習する人が多くいますが、実際には約56万人が日本語を学習しています。そして、そのうちの約80%が中学生と高校生であると言われています＜国際交流基金2015年度国別の日本語教育情報,韓国(2017年度)参照＞[1]。

　1992年から1996年まで施行された第6次教育課程から協調性、協同性を育てることが強調されるようになり、特に第7次教育課程以降[2]、小学校、中学校、高校での教科学習や英語学習に協働学習を取り入れるようになりました[3]

1　める中学生および高校生である。高等学校では、日本語は第二外国語に指定されている７つの言語の中で最も履修者が多く、2012年度の高校の第二外国語学習者中、履修者数は日本後33.2マン人(60.1%)、中国語18マン人(32.6%)、フランス語1.9万人(3.4%)などとなっている(2012年度「教育統計年報」(Kな国教育開発院)。

2　이용숙(1992)では、第6次教育課程と韓国の教育動向に関して紹介されています。また、第7次教育課程で教授方法の一つに、次のような記載があります。「個別学習活動と共に小集団共同学習活動を通じて協力的に問題を解決する協同学習経験を十分に提供する」＜제7차교육과정　교육부고시제, 2018-162호, p28＞

3　協働学習は韓国で展開された開かれた教育運動(個別化授業をはじめとした協働学

日本語教育における協働学習実践はどうでしょうか。2018年度までに発表された論文[4]を見ると、1978年に初めて、大学生を対象とした実践研究が発表されました＜문제안,1978参照＞。その後、2018年度までに150近くの研究が発表されましたが、特に2011年度頃から、協働学習の実践研究[5]が増えています。これらの研究のうちの多くが、大学講義、及び大学生を対象とした研究であり、次に中等教育機関で行われた研究が多く見られました。また、その他には、大学講師やサイバー大学の講義を対象とした研究、さらに教授法や教科書分析に関する研究も見られます[6]。

　研究の内容を見ると、最も多くが授業全体の考察と学習者の学習動機や学習態度などの情意的側面を学期初めと終わりに比較した研究、或いは学習レベルを比較したものが多く、これらは中学校、高校・大学、大学院と様々な教育機関で実践されています。

習、マインドマップ、相対的言語学習、構造主義、ホリスティック教育等の伝統的な授業ではない新しい試み)を通じて広く紹介され、今も教室授業改善の中央に位置しています。また、レベル別教育にある問題点を克服できる対案としての特性を持っています＜정문성, 2002, p83参照＞。

4　東アジア日本学会(日本文化研究)，韓国日語教育学会(日本語教育研究)，韓国日本言語文化学会(日本言語文化)，韓国日語日文学会(日語日文学研究)，韓国日本学会(日本学報)，韓国日本語学会(日本語学研究)，韓国日本文化学会(日本文化学報)，日本語文学会(日本語文学)，大韓日語日文学会(日語日文学)のHP及び、論文検索サイトRISSで検索した結果です。本論では、協働学習の理論及び協働で行う活動に関連した研究を集計しました。

5　研究によってピア○○、協働学習、協同学習と名称は異なりますが、全て協働学習理論を基にした学習法であると捉えます。本論では研究者の使用した名称をそのまま記載します。

6　高校と中学の教員は学会ではなく、独自の研究会や他機関で研究発表することが多く、実際の研究数はさらに多いことが予想されます。

2) 中等教育機関での日本語協働学習研究

　では初めに、高校での実践研究を見てみましょう。2002年に、ICTを活用した協働学習を行い、その効果を考察した実践研究が発表されました＜李尚喜，2002参照＞　そして、2004年にはロールプレイ、問題解決活動、ゲーム、歌などを活用した協働学習と意思疎通能力との関係を見るといった実践研究が行われています＜최보은，2004参照＞。さらに、安姫貞(2004)では教科書の教室活動資料分析を行い、協働学習の必要性を提案しています。송미라(2007)、전소영(2008)、유미경(2011)、신옥천(2017)では協働学習と学習達成度、及び学習満足度や日本語学習への興味度との関係を見ています。また、協働学習と会話能力の上達度や会話能力に対する自信との関係を見た研究も見られました＜김가영，2013参照＞。

　最近では、協働学習に他の教授法を加えた実践も行われています。신미애(2015)では、協働学習にコーチングを適用し7、学習者同士の相互作用や積極性、学習レベルの変化を分析しています。このように、高校での実践研究が徐々に見られるようになり、研究内容も様々であることがわかります。

　では、中学校での実践研究はどうでしょうか。中学校での実践研究は少なく、次の2本が挙げられます。박준효(2005)では韓国語教師と日本語教師のティームティーチングのもとで協働学習を

7　コーチングとは、個人の能力や学習レベルに合わせて学習を促進し、学生の潜在能力を導き出せるように、助け合いながら学生が学習の主体になって考え自己主導的に成長できるようにすることです。ピアコーチの役割は学習者が学習活動に参与できるように励ましたり、フィードバックをしたりしながら、学習目標に近づけるように学習を案内し助けることです＜신미애，2015参照＞。

行い、学習達成度と意思疎通能力の変化を見ています。さらに、박정훈(2008)では文字学習に協働学習を適用し、文字の習得率と学習満足度を分析しています。中学校での実践研究はまだ少ないですが、韓国の教育課程にも示されているように、学習者主体で学習し学習者の協働によって授業を展開するという考え方が教師間に浸透していけば、今後も協働学習の実践は増えていくと思われます。

3) 高等教育機関での日本語協働学習研究

　続いて、大学生を対象にした研究を概観しますが、大学生を対象にした研究は様々なものがあるため、授業全体を考察したものと学習者の特定の活動に絞って考察したものに分けて、紹介していきます。まずここでは、前者の研究と教師の意識を分析した実践例を見ていきます。これらの実践研究は、김정혜(2004)、洪在賢(2008,2009)、倉持香(2009,2010,2011,2018)、奈呉眞理(2009a,2009b,2009c,2010a,b,2011)、倉持香・奈呉眞理(2011)、石塚健(2013a,b,2015)、辛銀眞(2014,2015,2016a,b)、斎藤明美(2014)、倉持香・奈呉眞理・関陽子(2015)、金志宣(2018a)が挙げられます。

　김정혜(2004)では日本文化体験のために、たこ焼き作りを協働で行った実践を紹介しています。洪在賢(2008)では初級文型・文法学習にピア・ラーニングを取り入れ、学習者のインターアクションの性格と特徴を見る試みをしています。この研究では、グループによってインターアクションにおける相互性が異なっていることがわかっています。洪在賢(2009)では学習者がピア活動をどのように捉えているかを考察しました。その結果、次のようなこ

とがわかりました。「ピア活動を否定的に捉える学習者がいること、協働学習という動機・目的を持ってピア活動に臨む学習者は極少ないこと、学習者がピア活動を否定的に捉える原因の一つは、相手を自分の学習を妨害する存在として解釈しているためである」ことです。倉持香(2009)では日本語科目を受講する学習者(専攻非専攻混合)に、協働学習に関する質問紙調査を行いました。この結果、「学習者たちは今まで経験した協働学習に対して、学習効果、役割分担、グループ編成に否定的意識を強く持っている」ことがわかりました。奈呉眞理(2009a,2009b,2011)では、聴解授業や初級の会話練習及び、ひらがな、カタカナの文字習得における協働学習の有効性を見ています。また、奈呉眞理(2009c)では様々な日本語授業に協働学習を取り入れ、各授業に合った導入の仕方、及び評価法について考察しています。さらに、奈呉眞理(2010a,b)では大学の日本語授業における協働学習の問題点にグループ構成での学習者要因を挙げ、その解決法を探っています。同様に、倉持香(2010,2011)でも「協働学習が効果的に行われないのはグループ編成に原因がある」とし、学習者の特性を考慮したグループ編成での協働学習を提案しています。倉持香・奈呉眞理(2011)では先行研究の分析と学習者に対する意識調査から、協働学習の問題点を指摘し、具体的な授業方法を提案しています。石塚健(2013a,b)では学習者の意識調査と様々な先行研究史の視点から教師の役割を挙げています。辛銀眞(2014)では教養科目の日本語授業で中国人学習者と日本人学習者で行う協働学習を取り入れました。そして、学習者の特性(国籍、学習目的、学習目標、韓国語力など)を基に、協働学習における問題点を指摘しました。また、斎藤明美(2014)では専攻科目の日本語授業で協働学習を行い、質問紙調査と記述

データから学習効果と情意的側面の変化を考察しました。この研究で実践した協働学習後に、学習者のセルフリーダーシップ[8]水準に肯定的な変化が見られました。倉持香・奈呉眞理・関陽子(2015)では教養科目の日本語を担当する教師を対象に、質問紙調査をしました。その結果、日本語授業にグループワークを行う教師と行わない教師には、学習者観と授業法に対する意識に違いがあることがわかりました。石塚健(2015)では、学習者の意識調査からグループ内で見られる問題点を挙げ、グループ編成法にその原因があるとしています。辛銀眞(2015,2016a)では教養科目の日本語授業で協働学習を行い、事前調査とグループ発表後の質問紙調査により、グループ構成と役割分担に対する学習者の意識を見ています[9]。ここでは、公平であるグループワークと学習者同士のコミュニケーションツールにSNSを使用したことに対して、学習者は高い満足度を持ったことがわかりました。そして、辛銀眞(2016b)では教師の役割の改善点に、「教室活動全体における「運営者」の側面と学習者一人一人と向き合う「支援者」という側面のバランスや適切な対応」を挙げ、その方法については今後の課題としています。さらに、倉持香(2018)では教養科目の初級日本語の授業でピア・ラーニングを行い、授業前後の質問紙調査と授業観察記録から学習者の意識の変化を見ています。ここでは、協働学習の難易点とされる「評価法」と「グループ編成法」に対して、実践事

---

8 これは学生達が自分自身に影響力を発揮するリーダーシップに対する認識がグループ学習をする前(事前調査)と後(事後調査)で変化したかどうかをみる調査です<斎藤明美, 2014 p90参照>。
9 辛銀眞(2015, 2016)では教養科目の日本語授業を受講する学習者を対象にしています。

例を見せることで、具体的な提案をしています。金志宣(2018a)では、専攻科目の「日本語中級文法」の学習者を対象に、授業前後に質問紙調査を行い、学習者の協働学習の認識と学習者が考える協働学習の役立つ点を分析しました。その結果、「学習者は一般的に協同作業は効果的であるという肯定的な認識(協同効用)が基盤としてあり、そのうえに一人で作業することを好む傾向(個人志向)や、協同作業によりメンバーが平等に利益を得ることは難しいという認識(互恵概念)が加味された重層的な認知構造をもっている」とし、学習者は「協働活動の有効さとして「相互補完・相乗効果」「気づき・自覚」「知識や情報の獲得」「楽しさ・面白さ」「責任感」の面で役立つと捉えている」ことがわかりました。ここまで挙げた実践研究は、授業全体を考察し協働学習の問題点を指摘し、授業方法を提案するといった研究内容でした。

4) ピア・レスポンスに関する研究

次に見ていく研究は、教室の中で行う様々な日本語学習活動の中から、部分的、或いは一部の活動のみを分析考察した研究事例です。韓国の日本語教育現場で最も活発に実践研究されているものはピア・レスポンス活動です。初級から上級レベルの学習者の様々なクラスで実践されています。その内容は教師の推敲と学習者の推敲を組み合わせたものから、教材分析、問題提示、授業法の提案、或いはサイバー大学のオンライン授業による学習者同士のピア・レスポンス活動まで多様です。

オフライン授業(教室で行う授業)でのピア・レスポンスを扱っ

た実践研究は、石塚健(2009a,2011,2012a,b,2015)、한선희(2011)、손미정(2012,2015)、古賀万紀子(2012)、小笠克之(2014)、백이연(2015)があります。また、オンライン授業(サイバー大学での作文授業)にピア・レスポンスを取り入れた研究は、佐藤揚子(2011,2012a,b,2013a,b)、八野友香(2013b,2016)、박효경(2017)が挙げられます。さらに、一般大学の専攻科目の中上級作文授業において、オンラインで行うピア・レスポンス活動を取り入れた研究も見られます<백이연, 2014>。

　ではまず、オフライン授業での実践研究から見ていきましょう。石塚健(2009a)では学習者に質問紙調査を行い、ピア・レスポンスが効果的に行われるための要因を分析しました。そして、石塚健(2011)では韓国人学習者と中国人学習者のピア・レスポンスに対する意識に違いがあることがわかりました。さらに、石塚健(2012a)では学習者から見た教師の役割を考察し、石塚健(2012b)ではピア・レスポンス活動とピア・リーディング活動を実際に行い、そこから見られる問題点を指摘し、教師の役割について分析しました[10]。한선희(2011)では、教材の分析、及び中上級の作文授業でピア・レスポンス活動を取り入れ、学習者の質問紙調査から、問題を提起し改善策を提案しています。손미정(2012,2015)では初級学習者を対象に、「書く」「話す」技術の向上を目的とした協働学習を行い、「学習者同士の意見交換とピア・レスポンス活動は非常に有機的な関連があり、効果的な学習であった」としています。そして、손미정(2015)では効果的な初級作文授業における必要な要素

10　石塚健(2009a, 2011b, 2012a,b)では、全て初級後半から中級前半レベルの学習者を
　　対象にしています。

を提案しています。また、古賀万紀子(2012)では中上級の日本語作文授業でピア・レスポンス活動を取り入れ、その効果を検証しました。その結果、作文の構成要素に関する講義や学習者同士のピア・レスポンス活動が、作文構成や作文に対する意識に影響を与えたことが分かりました。小笠克之(2014)では作文指導に関する研究動向調査と韓国の市販作文教材の分析、及び大学講義の現状把握を通して、中級日本語作文授業法の具体的な提案を示しました。また、石塚健(2015)では作文の授業でピア・レスポンス活動を行い、質問紙調査から学習レベルが異なる学習者のピア・レスポンスに対する意識の違いを見る試みをしました。結果、レベルによる大きな差は見られませんでしたが、レベルの差があるピア・レスポンス活動において、上級者も学びや気づきを得ることが十分可能であることがわかりました。さらに、백이연(2015)では中上級レベルの作文授業で、ピア・レスポンス活動を行いました。ここでは小論文という難易度の高いアカデミックな文章を学習者同士で推敲していく過程を考察しています。

　以上が大学のオフライン授業でのピア・レスポンス研究であり、高校での実践研究も一つ挙げられます。李英淑(2008)では韓国人高校教師と学習者に対する質問紙調査から、作文指導法やビリーフを見ました。そして、実際にピア・レスポンスを行い、授業後の質問紙から学習者の意識の変化を考察しました。ここでは、学習者と教師間では教師のみの添削に対する期待度に差があることがわかりました。また、実際に行ったピア・レスポンス活動が学習者同士に効果的な影響をもたらすことが確認されました。

　では次に、オンライン授業にピア・レスポンス活動を取り入れた実践研究を見てみます。佐藤揚子(2011, 2012a, b, 2013a, b)では

初級前半から中級の学習者に、オンライン作文授業でのピア・レスポンス活動は有効なものなのかを検証しています。八野友香(2013b)では、サイバー大学でのeラーニング上級作文授業にオンデマンド型とリアルタイム型オンライン授業11の2つを取り入れたBlended learningを行いその有効性を検証しています。また、八野友香(2016)では初級の学習者を対象に、八野友香(2013b)で行ったBlended learningを実践し、その効果を見ました。박효경(2017)では様々なサイバー大学での中上級学習者の日本語作文授業の現況を見るとともに、ある大学での協働学習事例を対象に、問題点を指摘、及び授業法を提案しています。백이연(2014)では対面授業にオンラインで行うピア・レスポンス活動を取り入れ、その効果を考察しました。ここでは、オンラインでのピア活動は「学習者が互いの作文を読み、コメントを残す形での交流が可能」となり、「読み手を意識して内容を考えるようになり、学習者も互いの作文を読むとき、形式ではなく内容についてコメントをすることで、互いに読者と筆者になった」としています。また、「自然とコミュニケーションを目指す作文になり」、「学習効果を高める」ものであると分析しています。

　これらの研究はピア・レスポンスに関する実践研究でしたが、その他の日本語作文に関する研究では次の2つが見られます。이선

11　ネットワーク上にあるコンテンツに受講生がアクセスして学習を進める方式であり、受講生自身の操作により 進められるオンデマンド(on demand)型授業である。eラーニングやmラーニング、CSPL(ビデオ、DVD)がこれにあたる＜八野，2013a参照＞。リアルタイム型オンライン授業とは、テレビ会議システムを利用することにより、教授者と学習者たちが それぞれ インターネット上でWebカメラとヘッドセットを設置し、決められた時間にリアルタイムで行う授業形式である＜國井裕・八野友香 (2012) p35参照, 再引用＞。

희(2012)では中上級の学習者に対して質問紙調査を行い、日本語作文に対するビリーフとストラテジーを考察しています。さらに、양나임(2015)では会話と作文の授業で、ロールプレイを協働学習で行い、その中で見られる学習者の情意的特性を分析しています。

　以上のように、韓国での日本語作文授業での協働学習研究は非常に盛んであると言えます。韓国の大学の日本語教育では、初級から上級までのレベル別に分かれた多種多様な科目が開設されています。そして、興味や関心以外に、就職のために日本語学習をする学習者も多く見られます。このような学習者のニーズと学校教育における協働学習の必要性から、教育実践も活発に行われていると言えます。では次に、他の研究対象を扱った実践を見ていきます。

5) 内省活動に関する研究

　私たちが行う日本語教育の授業では、学習レベルや学習目的によって、様々な協働学習の形を作ることができます。授業の中で学習者や教師がどのように影響し合い、成長しているのかを見るためには、学習に必要な資料や教師の観察資料など多くのデータを細かく分析することで、様々な気づきを得ることができます。時には授業の仕方に軌道修正が必要になることもあるでしょう。このような教師や学習者の授業や学習を振り返る時間は、協働学習には必ず必要な過程であると言えます。韓国の大学の日本語教育で、学習者同士、或いは教師の内省活動に焦点をあてた研究が多くなされています。それらは、個々、ペア、グループでの内省

活動を比較し考察したものです。内省活動の研究は、朴英淑・足立涼子(2004)、金志宣(2010,2011a,2012a,b,2013,2014,2015a,b,2016,2017a,b,2018b)、倉持香(2012,2014a, b)、堀田有香(2014)、込宮麻紀子(2015b)、坂口清香(2015b)が挙げられます[12]。

　朴英淑・足立涼子(2004)では教師の内省活動に焦点をあてた研究です。ここでは日本語初級会話の授業でティームティーチングをしている韓国人講師と日本人教師の授業日誌とディスカッション及び、インタビュー調査から内省活動を分析しました。

　続いて、学習者を対象にした内省活動の研究ですが、最も多くなされている研究から見ていきます。金志宣(2010)では中級日本語の授業でピア・リスニング活動を取り入れ、学習者の内省シートに書かれた記述内容を分析することで、ピア・リスニングの捉え方を見ました。ここでは、「学習者は学習者同士の対話を通して聴解の過程を共有することによって理解の構築を図り、学習者自身の学習過程を振り返る内省によって理解の深化・変容、及び問題の発見・解決を促している」ことがわかりました。また、金志宣(2011a)では時事日本語の授業で中級レベルの学習者に、金志宣(2012a,b)では視覚日本語の授業で中級後半レベルの学習者に対してピア・ラーニングを取り入れ、内省シートに書かれた記述内容を分析しました。ここでは、「内省的ピア活動によって、自身の学習を主体的かつ効果的に営むことができる学習ストラテジーへの気づきが促進される」ことがわかりました。さらに、金志宣(2013,2014)では日本語コミュニケーションの授業で、中上級レベ

12　倉持香(2012)、堀田有香(2014)、坂口清香(2015b)は「7.評価に関する研究」をご参照ください。

ルの韓国人学習者と日本語母語話者に内省的ピア活動を行い、内省シートに書かれた記述内容を分析しました。ここでは、「学習者は【自己・他者認知、反省・改善】【学習過程・成果の再確認】【思考・経験の可視化】【学習目標の意識化、学習の 計画化】の四つのカテゴリーにわたって振り返り活動の意義を見出し、学びを得ている」ことがわかりました。金志宣(2015)でも同様の実践がなされ、ここでは教師の役割を提示しました[13]。また、金宣志(2015b,2016)では個別の内省内容を学習者同士で共有する内省シェアリングと、自己と他者の内省を比較・検討し、内省体験について再び内省(メタ内省)するという活動を取り入れ、内省シェアリングの効果を検証しました[14]。そして、金志宣(2017a)では内省活動に関する先行研究を分類整理することから、各授業実践における内省の位置づけを把握し、内省活動の意義を明らかにする試みを行いました。また、金志宣(2017b)でも同様に内省活動に関する先行研究を分析しました。ここでは内省を組み込んだ活動デザインに向けての実践的提案を試みています。金志宣(2018b)では、金志宣(2017b)で提案した内省活動をさらに分析しています[15]。その結果、「学習

---

13 金志宣(2015a)では、教師の役割を次のように述べています。「ピア・ラーニングの教師支援として四つのサポート・タイプが導き出された。〈方向性・自律性〉〈対人関係・コミュニケーション〉〈チーム運営・参与度〉に対する【引導・調整・確認的サポート】、〈言語技能・学習内容〉〈枠組み・手順〉に対する【教示・指示的サポート】、〈出来 具合い・正誤〉〈できる感・モチベーション〉に対する【評価・激励的サポート】、さらに〈協調性〉〈責任感〉〈積極さ〉〈気配り〉のような心構えを【顕在化させるサポート】である。」<金志宣, 2015a p33参照>

14 金志宣(2015b)では時事日本語の授業で、中上級レベルの韓国人学習者と日本語母語話者の内省活動を分析しています<金志宣,2015b参照>。また金志宣(2016)では、日本言語と文化の授業で、韓国人学習者と在日韓国人学部生、及び日本人留学生の内省活動を分析しています<金志宣, 2016参照>

15 学習者同士の内省活動に、学習支援システムの一つであるオンライン上でのクラ

者は一連の内省活動によって学習活動のプロセスや成果を把握、評価でき、改善につなげられると認識しており、自分(の活動)を批判的に考えようとする批判的思考態度で臨んでいる」ことがわかりました。

　倉持香(2014a)では教養科目の初級日本語で協働学習を取り入れ、学習者の内省シートの記述内容分析から、学習者の授業の捉え方と教師の役割を考察しました。倉持香(2014b)でも同様の実践が行われ、学習レベルによって内省活動の様相に違いが見られることがわかりました。込宮麻紀子(2015a)では高級日本語会話の授業で協働学習を実践しました。そして、学期最後に記述した振り返りシートと話し合い活動で使用したワークシートの記述内容を分析することから、学習者の授業の捉え方を見ました。込宮麻紀子(2015b)では日本語教育主専攻の元実習生に、インタビュー調査を行い、大学院終了後、協働的実践研究での学びをどう意味づけ、現在自分が置かれた文脈で、どう活かしているのかを明らかにする試みを行いました。ここでは、大学院における日本語教師養成課程での協働的実践研究のあり方を考察しました。

　以上のように、協働学習と共に内省活動が実践されています。このような研究の成果から学習者の内省の様相が少しずつ可視化され、教育現場への応用の示唆とアイディアを得ることができると思われます。

ス、サイバー・キャンパス(cyber campus)を利用しています<金志宣, 2018b p229 参照>

6) ティームティーチングに関する研究

では次に多く行われている実践研究を見ていきます。よくなされている実践はティームティーチングを扱ったものです。これらの研究では、韓国人教師と日本人教師の授業実践の効果や難しさについて、或いは学生たちの反応などを調査しています。中学校と高校でのティームティーチング研究は、石倉綾子(2003)、박준효(2004, 2005)、沢邊裕子・金姫謙(2005)、장지현(2007)、강은경(2008)、門脇薫(2008)、大塚薫・金才鉉(2008)が挙げられます。

石倉綾子(2003)では高校の日本語授業で、ティームティーチングを行っている韓国人教師と日本人教師、及び学習者にインタビューとアンケート調査を行い、教師間の役割に対する意識に差があることがわかりました。박준효(2004,2005)では、中学校での日本語協働学習とティームティーチング授業について考察しました。また、장지현(2007)、강은경(2008)では実際に行っている高校でのティームティーチング法を分析し、具体的な提案をしています。沢邊裕子・金姫謙(2005)では、高校のティームティーチング日本語授業での学習者間における学びの様相を見ています。ここでは、「普段の授業の中で、教師が日本語でのコミュニケーション能力をいかに発揮し、生徒の学習を促しているか、また、生徒がそれらを運用できる場を　意識的に作っているかがコミュニケーション能力を育成するために重要だ」としています。そして、門脇薫(2008)ではカナダとオーストラリア、及び韓国の高校におけるティームティーチングの実態調査を行い、効果的なティームティーチングのための条件や留意点を挙げています。また、大塚薫・金才鉉(2008)ではインターネットを利用した日本人教師と韓

国人教師のティームティーチング授業を報告しています。

　大学でのティームティーチング研究は、朴英淑・足立涼子(2004)、検校裕朗・戸張きみよ(2007)、大塚薫・李暻洙・金才鉉(2008)、大塚薫・朴敏瑛・李暻洙(2011)、小笠克之(2011)、本多美保(2014，2015，2016) が挙げられます[16]。

　検校裕朗・戸張きみよ (2007)では教養科目の初級日本語の授業で行った日本人講師と韓国人講師のティームティーチングの実践を報告しています。また、大塚薫・李暻洙・金才鉉(2008)では、韓国放送通信大学における中級日本語の授業で、インターネットを利用した日本人講師と韓国人講師のティームティーチング授業を行いました。その結果、学習者は遠隔ティームティーチング授業が非常に効果的であると認識し、特に、「会話や発音・イントネーション、日本文化紹介等においてKTよりはJTの活用性が高いと考えていることが明らかになった」としています。同様に、大塚薫・朴敏瑛・李暻洙(2011)でもインターネットを利用した日本人講師と韓国人講師のティームティーチング授業を報告しています。[17]この実践では、韓国外国語大学で行われましたが、その結果、「講読授業は日本人講師、或いは韓国人講師のみよりもティームティーチングが最も効果的であるとし、会話授業は日本人講師のみの授業が最も効果的であると学習者は認識」していました。それに加えて、「日本人講師の授業における役割としては、会話及び発音(矯正)に

16　朴英淑・足立涼子(2004)は内省活動のところで紹介しています。(「5．内省活動に関する研究」参照)

17　「授業は，大学校内にある講義室で行われ，講義室内にあるパソコン及びスクリーンを利用し，韓国にいるKTが日本現地のJTにMSNのWindows Live Messengerを通じて接続 し，スクリーンにリアルタイムで映し出されるJTとやりとりをしながらT・T方式で実施された。」<大塚薫・朴敏瑛・李暻洙，2011 p101参照>

関する分野が求められている」ことがわかりました。小笠克之(2011)では日本の大学から派遣された教師と韓国の大学の韓国人教師との連携授業を実践報告しています。そして、本多美保(2014,2015,2016)では、教養科目の日本語授業の学習者を対象に行った質問紙調査から、学習者が求める日本人教師と韓国人教師の要件に違いがあることがわかっています。

このように、ティームティーチングの有効性が実証される中、今後も受け皿となる教育機関の支援が進めば、日本語教育現場でのティームティーチングの積極的な導入がますます広がっていくように思われます。

7) 評価に関する研究

次は評価に関する研究事例を見ていきます。協働学習を授業に取り入れるにあたって、評価法の難しさについてよく論議されますが、最近では協働学習における評価に着目し、評価の在り方を検討したり、具体的な方法を提案したりする研究も見られるようになりました。評価に関する実践研究は、金志宣(2011b)、若月祥子・大塚薫(2012)、倉持香(2012)、佐藤揚子(2012b, 2013b)、堀田有香(2014)、斉藤麻子・若月祥子(2014)[18]、坂口清香(2015b)、小林安那(2017)が挙げられます。

金志宣(2011b)ではピアラーニングにおいて、JFスタンダードの

---

18 斉藤麻子・若月祥子(2014)、「9．韓国のICT環境を活かした実践研究」をご参照ください。

Can-doステイトメントを活用した自己評価を提案し、自己評価リストの有効性を検証しました。若月祥子・大塚薫(2012)では専攻科目の日本語作文授業で中上級レベルの学習者に対して、日本在住の日本人大学生と大学院生が遠隔チューターとして、フィードバックを行う実践をしました。結果、学習者の満足度が高く、作文の推敲課程において、或いは文化理解において、非常に効果的な学習法であることがわかりました。また、倉持香(2012)では教養科目の中級日本語会話でピア・フィードバック活動を取り入れ、ピア・フィードバックの役割と内省への影響を見ました。ここでは、自己、教師、学習者同士による三段階のフィードバックによって、内省が深化し拡張することがわかりました。佐藤揚子(2012b,2013b)ではオンライン上での作文授業における教師のフィードバックは有効なものなのかを検証しています。堀田有香(2014)では中級日本語会話の授業で、学習者に自己評価活動を行わせ、それに対する教師のコメントが学習者の会話パフォーマンス向上にどのような影響があるかについて見ています。さらに、坂口清香(2015b)では専攻科目の日本語ビジネス作文の授業でエントリーシート作成にあたって、グループシェアリングやピア・フィードバックなどの協働活動を取り入れています。ここでは、一連の活動の中で他者とのインターアクションを上手に利用し、内省が深まり合うことが確認されています。小林安那(2017)では協働で行う絵本の翻訳ディスカッションのなかで、絵に言及している場面に着目し、どのような話し合いが行われことばの学びが起きたのかを考察しています[19]。

---

19 「研究対象は日本語専攻科目であるトピック日語翻訳の受講生から希望者を募って

このように、学習者同士で評価する活動が実践されていますが、授業で扱う学習者の協働学習をどのように評価し成績をつければいいかについては、多くの議論が必要であり、今後、大学機関の成績評価制度の在り方と共に検討することで、その意義と方法が確立していくと思われます。

8) ピア・リーディングに関する研究

今まで見てきた研究事例以外に実践された協働学習で一番多いものは、ピア・リーディング活動を扱ったものです。ピア・リーディング研究では、성필연(2003)、金文嬉(2009)、石塚健(2009b, 2010)、玉岡由子(2011)、李賢珍(2014)、酒井かをり(2015)が挙げられます。

성필연(2003)では高校での日本語読解授業に協働学習を取り入れその効果を検証しました。その結果、協働学習が読解能力向上、及び、興味誘発に肯定的効果が見られることが確認されました。金文嬉(2009)では日本語古典文学『徒然草』を教材にしたジクソーリーディングを行い、その効果を検証しています。ここでは「ジクソーリーディングが学習者の興味を引き起こさせ、『徒然草』の理解において有用であり、学習者の理解に肯定的な影響がある」ことがわかりました。石塚健(2009b,2010)では大学での中上級学習者を対象とした読解授業で、ジクソー・リーディング活動を実

実施した翻訳スタディでの話し合いである。ディスカッションの参加者は男子学生3名で、すべて日本語能力試験N1取得者である。」<小林安那, 2017参照>

践し、その効果と問題の分析を試みています。ここでは、「ジク
ソー・リーディング活動をすることによって、読解能力だけでは
なく他の技能も学習でき、協働的で自律的な読解過程を経験でき
る」ことが確認されました。そして、ジグソー学習法の授業運営面
の問題点として、「「担当箇所以外の理解不足」」を挙げています。
さらに石塚健(2010)では、石塚健(2009b)で挙げた問題点を解決す
るために必要な教師の役割を次のように提案しています。「教師
は円滑な授業運営ができるように授業の進行方法や全体のルール
を調節し」、「教師がクラス全体に同時に働きかけることのできる
時間を有効に使い、学習の理解を深めていくことが求められる。」
さらに、「学習者同士の習熟度の差を上手く利用し、学習が自然と
学び合えるような状況を作り」、「学習の進度や理解に苦しむ学習の
ケアに時間をかけるべきである」＜石塚健，2009b p185参照＞。玉
岡由子(2011)では、教養科目の初級読解授業でジクソー・リーディ
ングを実践しました。ここでは、ピア活動の効果として、「「気づ
き」「考えの広がり」「思考の深化」」などが挙げられました。また、
「ピア活動は一人で学習するときよりも自身の課題に気づきやす
く、強い動機付与になる」という効果が見られました。李賢珍
(2014)では、時事日本語入門の授業を受講する初中級日本語学習者
に対してジクソー・リーディングを取り入れました。そして、母
語によるピア・リーディングにおける学習者間の相互作用を考察
しました[20]。ここでは、「母語のピア・リーディングでの「情報交

---

20 分析には、Bales(1950)の相互作用過程分析(interaction process analysis)を使用して
　います＜李賢珍, 2014 p63参照＞。これは「集団内、とりわけ小集団内の成員間の
　相互作用の過程を分析するための行動観察法」であり、集団の課題解決場面におけ
　る成員間の影響過程を分析するために開発されたものです＜中島編, 1999 p530 李

換」、「意見交換」は、語彙、文型(文法)、日本に関する知識などの背景知識の学習とメタ認知活動(自分の理解を確認、修正)の促進に有効である」こと、さらに、「学習者は他者の意見を受容、賞賛しながら、タスク学習中に生じた緊張を処理していた」ことなどがわかっています。また、酒井かをり(2015)では日本語教育学科の初級から上級までの学習者を対象に、協働学習と読解授業に対する意識調査と実践を行いました。この結果、「協働学習とジグソー・学習法はどちらも会話力・読解力向上に効果的であるという認識が否定的から肯定的に変化し、書く、話す、聞く、討論するなど様々な能力を使って活動に参加できる学習効果があるものと高く評価している」ことがわかりました。問題点として、「活動時のグループ親近度の格差、レベル差を考慮しないグループ編成からの心理的不安」を挙げ、いくつかの提案をしています。

　その他の実践ではどのようなものがあるでしょうか。韓国の日本語学習者の学習レベルは初級から上級レベルまで様々ですが、特徴として上級レベルの学習者も多くいることが挙げられます。このような上級レベルの学習者の多くは、日本企業に就職することを学習目的としています。このような中、上級レベルの日本語会話クラスで、協働学習を取り入れた実践研究も見られるようになりました。これらの研究では古賀万紀子・青木優子(2011)、辛銀眞(2013a,b)、角ゆりか・大田祥江(2015)、坂口清香(2015)、込宮麻紀子(2015ab)、中島忍(2018)が挙げられます。[21]

　古賀万紀子・青木優子(2011)では教科書分析を行い、日本語の会

賢珍, 2014 p63再引用＞。
21　坂口清香(2015b)は「7.評価に関する研究」を、込宮麻紀子(2015a,b)は「5.内省活動
　　に関する研究」をご参照ください。

話授業に協働学習の基で、論理的表現力を育成する必要があること
を提案しています。辛銀眞(2013a)では、専攻科目である「日本語
ディベート」の授業において、学習者の満足度と学習達成度を調べ、
その効果を検証しました。ここでは、「新たな授業活動を通して言語
以外の社会力、思考力を獲得し、高い学習満足度を示し」このことか
ら、「日本語ディベート」を相互的、総合的な学習として位置づける
ことができる」としています。また、辛銀眞(2013b)では同授業にお
いて、グループ内の構成員の親疎が学習者にどのように影響するの
かを分析、考察しました。その結果、「「日本語ディベート」を通して
グループ内の関係が円滑に維持された学習者はコミュニティーの
構成員として適切に働き、コミュニケーションおよびネットワー
キングを使いながら言語的な知識を学び、情報を共有し、協力と貢
献を積み、役割分担と遂行で社会文化的な体験をしている」ことが
わかりました。しかし、「関係性に問題があったグループは、協働に
必要な5つの要件22を一つも満たしていなかった」と分析していま
す。角ゆりか・大田祥江(2015)では就職のための日本語授業に協働
学習を取り入れました。ここでは、協働による自己分析活動が学習
者に肯定的な影響をもたらすことがわかりました。また、中島忍
(2018)ではビジネス日本語の授業でジクソー学習法を取り入れて
います。ここでは学習者の主体的な学びと学習者自らが行う問題解
決の姿勢から、効果的な学習法であることが確認されています。

---

22 「涌井(2011:110-112)は、「協同学習」の5つの基本要素(Johnson, Johnson, & Holu-
　　bec, 1993)として、(1)互恵的・相互依存性、(2)(互いに高め合うような)対面的なや
　　りとり、(3)個人の責任、(4)ソーシャルスキルや協同・協働スキル、(5)チームの振
　　り返り、を真の協働学習となるための重要条件としている。」<辛銀眞
　　(2013b)p302 再引用>

9) 韓国のICT環境を活かした実践研究

　韓国の大学ではWi-Fiの設置状況がよく、授業中にインターネットを使用したり[23]、学習者同士のウェブサイトを作成するといった実践も見られます。また、KakaoTalk[24]やLINEなどのアプリケーション、フェイスブックなどのSNS利用、日本と韓国の大学との遠隔授業にSkypeを使用するといった実践研究が増えてきています。

　これらの実践研究は、大塚薫・李暻洙・金才鉉(2008)、大塚薫・朴敏瑛・李暻洙(2011)、若月祥子・大塚薫(2012)、鄭惠先・恩塚千代(2012,2013)、八野友香(2013b,2016)、斉藤麻子・大塚薫・若月祥子・林翠芳(2013)、斉藤麻子・若月祥子(2014)、田畑光子(2014)、相澤由佳・澤邉裕子(2015)、辛銀眞(2015,2016a,b)、大塚薫・王勇萍・林翠芳・斉藤麻子・若月祥子(2016)、尾崎ちえり(2017)、박효경(2017)が挙げられます。

　大塚薫・李暻洙・金才鉉(2008)では中級日本語の授業で、大塚薫・朴敏瑛・李暻洙(2011)では初級レベルの学習者の日本語講読と読解授業でティームティーチングを行いましたが、これらの実践では、MSNのWindows Live Messengerをツールとして使用していま

---

23 「韓国のほとんどの大学はホームページにＥラーニングのための学習管理システムであるLMS(Learning Management System) を設置しており、LMSを通じて成績管理、試験の実施、出席管理などが可能である。LMSはサイバー空間での教室の役割も果たしており、初期の単純な機能から授業資料の提供、構成員間の疎通、協業の支援などを通して、活発なコミュニケーションが行われる空間を提供している。」<白以然，2017参照>

24 LINEと同様、スマートフォンやアイパッドでのコミュニケーションツールを目的としたアプリケーションです。LINEは主に日本で、Kakao Talkは韓国で使用されています。

す[25]。若月祥子・大塚薫(2012)では韓国と日本をSkypeで繋げ、学習者の作文に対するコメントを日本人から直接もらうという活動を行っています[26]。鄭惠先・恩塚千代(2012)では日本人韓国語学習者と韓国人日本語学習者が協働で課題活動をし、両言語の役割語について意見交換する活動を行いその効果を見ました[27]。その結果、両言語学習者に肯定的に評価されていることがわかりました。そして、鄭惠先・恩塚千代(2013)では日本人韓国語学習者と韓国人日本語学習者がSNSサイト「freeML」を利用して、両言語の「役割語」に関して、協働で課題遂行活動を行う過程を分析しました。その結果、学習者間の積極的な働きかけと反応、ビリーフの変化、ことばの多様性への気づきなどが効果として挙げられました。また、「学習者の参与度の格差とファシリテーションの難しさがある」ことを問題点としています。さらに、八野友香(2013b,2016)では、サイバー大学でのeラーニング上級作文授業Blended learningを行いその有効性を検証しています[28]。斉藤麻子・大塚薫・若月祥子・林翠芳(2013)では、日本の協定校と協働で行ったSkypeでの遠隔中上級日本語授業を実践報告しています。また、斉藤麻子・若月祥子(2014)では、専攻科目の中上級日本語授業で行ったプロジェクトワークについて、実践報告をしています[29]。田畑光子(2014)で

---

25 大塚薫・朴敏瑛・李曉洙(2011)は「6.ティームティーチングに関する研究」をご参照ください。

26 若月祥子・大塚薫(2012)は「7.評価に関する研究」をご参照ください。

27 具体的にはオンライン上に日韓役割語相互 学習倶楽部」というSNS(Social Network Service)コミュニティを立ち上げ、その中での「CMC(Computer-Mediated Communication)活動を通して、韓国人日本語学習者と日本人韓国語学習者が協働で課題活動を行い、両言語の役割語についての気づきとスキルアップを図るものである。」<鄭・恩塚, 2012 p519参照>

28 八野友香(2013b, 2016)は「4.ピア・レスポンスに関する研究」をご参照ください。

は、専攻科目の日本語作文の授業(初級から上級まで)で、lino(http:// linoit.com)を活用したピア・レスポンス活動を行い、質問紙調査と学期末レポートから学習効果を考察しました。ここでは、「学習者のニーズに応え適切な環境作りなどの支援があれば、ピア・レスポンスは有効に働き得る」としています。相澤由佳・澤邉裕子(2015)では、SNSやKakao Talkで、韓国人大学生と日本人大学生との交流を通して、協働でパンフレットを作成するという活動を行っています。辛銀眞(2015,2016a)では、教養科目の日本語入門2の授業(初中級レベル)で、課題活動のコミュニケーションツールとして、大学のHPで開設されたeクラスとカカオトークを使用した活動を分析しました。その結果、事前調査によって工夫されたグループ構成やグループ内の構成員同士の公平な役割分担において高い満足度を示しました。また、「カカオトークを使用したことと教室活動を行った際の教師の役割に関しても高い満足度が得られるものであった」としています。大塚薫・王勇萍・林翠芳・斉藤麻子・若月祥子(2016)では、韓国と日本と中国の大学生をSkypeで繋げ講義を聞き、討論する活動を行いました[30]。ここでは、「3ヶ国同時に授業を実施することにより授業の効率性の向上とともに

---

29 「学習者が2、3人のグループになり、日本語により「それぞれが伝えたい韓国の姿」を伝える5分間のビデオを制作し、Googleドライブにアップロードした。そして、これを日本にいる大学生や知人に視聴してもらって評価を受け、Skypeを通じて意見交換をするという授業の実践である。」< 斉藤麻子・若月祥子, 2014 p302参照>
30 「遠隔協働授業はそれぞれの協定校で開講されている正規の授業カリキュラム内で実施された。　日本側は中上級レベルの留学生を対象に「アカデミック日本語」の授業内で、韓国側は日語日文学科の3年次の専門科目の「コミュニケーション日本語」で、中国側は日本語を専攻している3年生対象の「比較文化論」の授業で行われた。学習者はN1とN2習得者で構成された。」<大塚薫・王勇萍・林翠芳・斉藤麻子・若月祥子, 2016 p78参照>

討論を通じて多文化理解の機会になったことが実証」され、「協定校間のリソースを活用したオムニバス形式による授業方式は多国間での協働授業の一つのモデルとして汎用的に運用することが可能」であるとしています。

さらに、尾崎ちえり(2017)ではWEBサイトの作成活動を実践報告しています[31]。박효경(2017)ではサイバー大学で行われている中上級の作文授業における講義内容と講義運営を紹介し、その問題点を分析しました。

10) その他の研究

最後に、授業の中で行われる特定の活動に焦点をあてて分析した実践研究を見ていきましょう。これらの研究は福冨理恵(2012)の絵本を使った作文活動、Nishioka(2012)、西岡裕美(2014)のデジタルストーリーテリング活動、斉藤麻子・若月祥子(2014)のビデオ制作活動、小松麻美(2017)の翻訳活動、蔡京希(2017)の紙芝居活動が挙げられます。

福冨理恵(2012)では専攻科目の日本語作文の授業で、初級後半から中級の学習者を対象に、絵本を使ったグループ作文活動を実践しました。そして、話し合いデータと記述式質問紙調査により、その成果を検討しました。その結果、協働的な作文活動の中で、個人の作文活動では得られない様々な学びがあることがわかりま

---

31 WEBサイト (https://sites.google.com/site/enagajinju/traffic/jinju-stationをご参照ください。

した。また、「能力差から意見を出す人が固定化され、グループ活動への参加度に差が生じる」などの問題点を挙げ、いくつかの提案をしています。さらに、Nishioka(2012)では、専攻科目の日本語を学習する初級から中級レベルの学習者3名を対象に、デジタルストーリーテリングの制作を協働で行わせ、観察データや音声データ、インタビューなどから助け合いの様相を考察しました。デジタルストーリーテリングを協働で制作することで日本語学習者が、話題を広げる援助、語彙、表現、翻訳方法、検索方法の援助を相互に与え合い、学びあう機会を作り出していることが確認されています。さらに、西岡裕美(2014)では、Nishioka(2012)で実践した同じ学習レベルの対象者に、デジタルストーリーテリングの制作を協働で行わせ、その様相を考察しました[32]。その結果、「初級レベルの学習者でも中級レベルの学習者に対して、効果的な構成方法の援助、適切な表現方法、日本語の語彙の援助を行い、相手の言語知識の構築、拡大に貢献できる」ことが確認されました。小松麻美(2017)では専攻科目であるトピック日語翻訳の授業を受ける上級レベルの学習者3名を対象に、協働翻訳活動を行わせ、学習者のディスカッションの内容からことばの学びを検討しました[33]。また、蔡京希(2017)では韓国における紙芝居の文化史を

---

[32] 「制作は、①マインドマップを書きながら、内容検討、②取材、写真撮影、③ストーリーボード作成、④原 稿翻訳、推敲、⑤動画編集、⑥作品共有の順で行われた。動画編集ソフトはWindows Movie Makerを使用した。」<西岡裕美, 2014 P28参照>

[33] 「翻訳活動は次の3つで構成される。「ステップ1：各自、翻訳(個人学習)→ステップ2：グループ(3人)で互いの訳文の比べ読みとディスカッション(協働学習)→ステップ3：学生の訳文と翻訳版の比べ読み(教師を交えた学習)」。分析対象は「ステップ2の訳文をめぐる学生間の韓国語でのディスカッションである。」」<小松麻美, 2017 P10参照>

把握し、実際に7大学で行った紙芝居の実践を報告しています[34]。

　これらのように中学校から大学までの様々な教育機関で協働学習の実践が行われています。このような実践研究を通して、ここ10数年の間に、協働学習に関心を持ち、授業に取り入れる教師が増えているとがわかります。これらから、韓国の日本語教育では、韓国に根付いていた教師主導の教育から、学習者中心の学習者同士で学習を築いていくという学習スタイルにシフトしていると言えるでしょう。近い将来、韓国の環境に合った効果的な協働学習の方法が具体的に提案されるように、今後も活発に教育実践が試みられることを期待したいと思います。

34　この研究では次の2つを研究目的にしています。「1)紙芝居文化史及び朝鮮総督府が主導した植民地朝鮮での国策紙芝居の役割を概観し、2)日本語教育的側面から紙芝居ピア・ラーニングを通じた日本語コミュニケーション能力向上についての可能性を模索する。」<蔡京希, 2017 p199参照>

参考文献

1. 日本語教育と協働学習

문제안(1978)「소집단 협동 언어학습 방법에 대한 연구-한국학생의 일본어 학습을 위해서」『세종대학 논문집』 7, 세종대학교, pp.69-87

이용숙(1992)「교육의 질과 열린 교육」『教育学研究』30(3), 한국교육학회, pp.57-78·

정문성(2002)『협동학습의 이해와 실천』교육과학사

제7차교육과정 교육부고시제, 2018-162호, p28

https://www.jpf.go.jp/j/project/japanese/survey/area/country/2017/korea.html#KEKKA

2. 中等教育機関での日本語協働学習研究

김가영(2013)『일본어 수업에 있어서의 협동학습 소집단 구성 방법에 관한 연구』한국외국어대학교 교육대학원 석사학위논문

박정훈(2008『협동학습을 적용한 문자수업 모형 연구: 문자 습득률과 학습 만족도를 중심으로』고려대학교 교육대학원 석사학위논문

박준효(2005)「원어민 교사와의 협동수업(Team Teaching)을 통한 효과적인 일본어교육에 관한 연구」『일본연구』4, 고려대학교 글로벌일본연구원, pp.73-90

송미라(2007)『협동학습 모형을 적용한 고등학교 일본어I의 수업 분석 연구: 학업성취도와 학습 만족도에 미치는 효과를 중심으로』고려대학교대학원 석사학위논문

신미애(2015)「피어코칭을 적용한 고등학교 일본어 교수 학습법에 대한 연구』고려대학교 교육대학원 석사학위논문

신옥천(2017)『협동학습에 의한 일본어 발화수업 연구』부산외국어대학교 대학원 박사학위논문

安姬貞(2004)『일본어1 교실활동자료 분석 및 의사소통기능 향상 방안 연구』계명대학교 교육대학원 석사학위논문

유미경(2011)『구조중심 협동학습을 적용한 고등학교 일본어 수업 모형 연구』고려대학교 교육대학원 석사학위논문

李尚喜(2002)『일본어교과에서 ICT를 활용한 협동학습이 학업 성취도에 미치는 영향』동신대학교 대학원 석사학위논문

전소영(2008)『협동학습을 활용한 고등학교 일본어 수업모형연구』한국외국어대학교 교육대학원 석사학위논문

최보은(2004)『의사소통향상을 위한 일본어교수법 연구: 고등학교 일본어 교과서1을 중심으로』중앙대학교대학원 석사학위논문

3. 高等教育機関での日本語協働学習研究

김정혜(2004)「문화체험을 통한 일본어학습-"타코야키 만들기수업" 사례를 증심으로-」『敎育論叢』5(2), 부산외국어대학교 교육대학원, pp. 67-77

金志宣(2018a)「協働活動に対する学習者の意識調査 – 日本語教育の授業実践を通して」『日本近代学研究』60, 韓国日本近代学会, pp.77- 93

辛銀眞(2014)「'교양일본어' 수업활동 개선을 위한 고찰」『日本語学研究』42, 韓国日本語学会, pp.111-127

_____(2015) 「教養日本語」の教室活動に関する一考-学び合えるグループ・ワークの作り方 – 」『日本語教育研究』33, 韓国日語教育学会, pp.171-190

_____(2016a)「グループ活動を取り入れた日本語授業の試み-学生の活動評価を中心に-」『日本語學研究』47, 韓国日本語学会,

pp.35-55

_____(2016b)「ブレンデッドラーニング授業の設計と運営」『日本語
　　　　教育研究』37, 韓国日語教育学会, pp.119-138

洪在賢(2008)　「日本語文型学習のピア・ラーニングにおける学習者
　　　　同士の学び合い-インターアクションにおける相互性に注
　　　　目して-」『日本語學研究』23, 韓国日本語学会, pp.227-247

_____(2009)「学習者はピア活動をどう考えているか-ピア活動に対
　　　　する状況の定義と動機・目的」『日本語學研究』25, 韓国日本語
　　　　学会, pp. 327-340

石塚健(2013a)「ピア・ラーニングにおける教師の役割-学習者への意
　　　　識調査から考える新たな5つの役割-」『東北亜文化研究』37,
　　　　東北アジア文化学会, pp.335-356

_____(2013b)　「ピア・ラーニングにおける教師の役割—教師の役割
　　　　に関する研究史の観点から—」『日語日文学』60, 大韓日語日文
　　　　学会, pp. 97-113

_____(2015)　「JFL環境の韓国人学習者を対象としたピア・レスポン
　　　　スにおける学習者の意識の研究-グループ内のレベル差の観点
　　　　から-」『東北亜文化研究』43, 東北アジア文化学会, pp.285-302

_____(2016a)　「韓国語母語話者の学習者を対象としたピア・ラーニ
　　　　ングにおけるレベル別の学習者の学びに対する意識-上級
　　　　者の学びを中心に-」『日語日文学』69, 大韓日語日文学会, pp.177-
　　　　193

_____(2016b)　「韓国語母語話者を対象にしたピア・ラーニングにお
　　　　けるペアおよびグループ内の問題の実態と学習者意識-イ
　　　　ンタビュー調査を中心に」『東北亜文化研究』48, 東北アジア
　　　　文化学会, pp. 285-304

倉持香(2009)　「韓国日本語協働学習における情意的効果に関する考
　　　　察」『日本文化研究』31, 東アジア日本学会, pp.122-137

_____(2010)「協働学習におけるグループ編成に関する考察」『日本學報』84, 韓国日本学会, pp.115-126

_____(2011)『日本語協働学習の実践に関する研究-大学の日本語学習者を対象に』同徳女子大学 大学院 博士論文

_____(2018)「教養初級日本語クラスにおけるピア・ラーニングの一考察-学習者の学習意識の変化に焦点をあてて」『日本語教育研究』43, 韓国日語教育学会, pp.5-23

倉持香・奈呉眞理(2011)「韓国における日本語協働学習の課題 -研究の実態と学習者意識調査を中心に-」『日本語学研究』32, 韓国日本語学会, pp.33-50

倉持香・奈呉眞理・関陽子(2015)「大学教師の日本語学習に対する意識-韓国の教養日本語科目におけるグループワークに焦点をおいて」『日本語文学』71, 日本語文学会, pp.283-310

斎藤明美(2014)「日本語教育におけるグループ学習の導入について-学生の作文とアンケート調査の結果を中心に」『日本語學研究』41, 韓国日本語学会, pp.83-100

奈呉眞理(2009a)「聴解授業における学習者同士の協働学習-相互依存関係のある活動」『日本語文學』45, 日本語文学会, pp.27-54

_____(2009b)「会話練習における学習者同士の協働学習」『日本文化研究』32, 東アジア日本学会, pp.151-171

_____(2009c)「日本語授業における協働学習導入の方向性」『日本語學研究』26, 韓国日本語学会, pp.69-86

_____(2010a)「協働学習の問題点-グループ活動の観察」『日本語文學』49, 日本語文学会, pp.21-44

_____(2010b)「協働学習における問題点の克服-初級日本語授業における効果的な導入案-」『日本文化研究』36, 東アジア日本学会, pp. 135-155

_____(2011)「文字の読み書きを習得する協働学習」『日本語学研

究』30, 韓国日本語学会, pp.139-155

4. ピア・レスポンスに関する研究

박효경(2017)「사이버대학교 일본어작문수업의 현황과 과제-H사이버대학
　　　교 중상급 작문수업의 사례를 중심으로-」『日本語文学』72, 韓国
　　　日本語文学会, pp.45-65

백이연(2014)「インターネット掲示板を利用した作文授業の試み」『日
　　　本語学研究』41, 韓国日本語学会, pp.69-82

_____(2015)「小論文執筆におけるピア・レスポンスの試み」『日語日
　　　文学研究』93, 韓国日語日文学会, pp.259-277

손미정(2012)「학습자 중심으로 고찰한 효과적 작문수업-피어러닝 및 교사-
　　　학습자 컨퍼런스를 중심으로-」『日語日文學研究』81, 韓国日語
　　　日文学会, pp.153-170

_____(2015)「효과적인 초급 일본어 작문 수업 모형 연구-학습자의 수업만
　　　족도와 성취도의 상관관계를 중심으로」『日語日文学』65, 大韓日
　　　語日文学会, pp.129-145

양나임(2015)「협동학습을 활용한 일본어 회화 및 작문 수업 실천보고」『日
　　　語日文學』66, 大韓日語日文学会, pp.160-190

이선희(2012)「한국인 일본어학습자의 일본어 작문에 대한 신념과 전략」
　　　『日語日文学研究』84(1), 韓国日語日文学会, pp.353-370

李英淑(2008)「韓国の高校における作文授業の現場と改善案-済州外
　　　国語高等学校でのピア推敲活動を通して-」『日本言語文化研
　　　究会論集』4, 政策研究大学院大学, pp.33-60

한선희(2011)「日本語作文指導の現況と問題点-実践報告を中心に-」
　　　『日本語文学』52, 日本語文学会, pp.82-100

石塚健(2009a)「JFL環境の初・中級韓国語母語話者の学習者を対象と
　　　したピア・レスポンスの研究-質問紙調査の分析から見る協

同学習の成功要因と授業デザインの可能性-』『東北亜文化研究』18, 東北アジア文化学会, pp.423-446

＿＿＿(2009b)「韓国語母語話者の学習者を対象としたジクソー学習法による読解授業の試み」『日語日文學』44, 大韓日語日文学会, pp. 183-200

＿＿＿(2011)「JFL環境の韓国人学習者を対象としたピア・レスポンスの研究-ビリーフ調査および中国人学習者との比較-」『東北亜文化研究』28, 東北アジア文化学会, pp.451-467

＿＿＿(2012a)「JFL環境の韓国人学習者を対象としたピア・レスポンスの研究-話し合いの言語およびグループを中心に」『東北亜文化研究』31, 東北アジア文化学会, pp.75-92

＿＿＿(2012b)『韓国母語話者を対象としたピア・ラーニングの研究』부경대학교 일반대학원 박사학위논문(釜慶大学校一般大学院・博士論文)

＿＿＿(2015)「JFL環境の韓国人学習者を対象としたピア・レスポンスにおける学習者の意識の研究-グループ内のレベル差の観点から-」『東北亜文化研究』43, 東北アジア文化学会, pp.285-302

國井裕・八野友香(2012)　「オンライン日本語会話授業の現状と今後の課題」『日本言語文化』22, 韓国日本言語文化学会, pp.23-39

小笠克之(2014)「韓国の大学における日本語中級作文授業に関する一考察」『日語日文學』61, 大韓日語日文学会, pp.224-238

古賀万紀子(2012)　「文章構成に着目した日本語作文授業の実践研究 - ピア・レスポンスを通じた学習者の作文の変化を中心に - 」『日本語学研究』35, 韓国日本語学会, pp.439-459

佐藤揚子(2011)　「サイバー大学における日本語作文教育でのピア・レスポンスの効果」『日本学의研究의地平과再照明』J&C, pp.187-217

_____(2012a) 「オンラインでのピア・レスポンス活動の実態―中級日本語学習者のケーススタディー―」『日語日文學研究』81, 韓国日語日文学会, pp.263-282

_____(2012b) 「オンライン日本語作文教育における教師のフィードバックの効果―中級前期学習者のケーススタディ」『日語日文學研究』82, 韓国日語日文学会, pp.298-316

_____(2013a)「サイバー大学でのピア・レスポンス活動におけるインターアクション―初級後半から中級前半の日本語学習者のケーススタディー」『일본학논집』9, 경희대학교 대학원 일어일문학과, pp. 63-85

_____(2013b) 『オンライン日本語作文教授法-ピア・レスポンス活動-』경희대학교 대학원 박사학위논문

八野友香(2013a) 「ユビキタス学習環境における日本語教育-メディアを利用した教育概念の体系化-」『日本言語文化』25, 韓国日本言語文化学会, pp.469-490・

_____(2013b) 「サイバー大学におけるBlended・learning研究」『日本語教育研究』27, 韓国日語教育学会, pp.207-226

_____(2016) 「サイバー大学における日本語作文授業-学習環境デザインの観点から-」『日語日文學研究』98, 韓国日語日文学会, pp.229- 247

5. 内省活動に関する研究

金志宣(2010) 「ピア・リスニングを取り入れた日本語授業の実践研究 - 学習者の内省記録の分析」『日本文化研究』36, 東アジア日本学会, pp. 81-102

_____(2011a)「ピア・ラーニングにおける自律的学習能力の促進可能性 - 内省に見られる学習ストラテジーへの気づきを中心

に」『日本文化研究』38, 東アジア日本学会, pp.99-119

_____(2012a)「自律性の支援に向けたピア・ラーニングの実践と意義 – 内省ピア活動の分析」『日本文化研究』43, 東アジア日本学会, pp. 93-112

_____(2012b)「日本語教育におけるピア・ラーニング実践研究の焦点 – ピア活動のプロダクト、プロセス、内省」『日本研究』54, 韓国外国語大学校日本研究所, pp.309-332

_____(2013)「日本語教育におけるピア・ラーニングの実践的提案 – 内省を促す内省的ピア活動のデザイン」『日本文化研究』45, 東アジア日本学会, pp.131-148

_____(2014)「ピア・ラーニングの協働的な学びに関する一考察 – 学習者の内省に基づいて」『日本学報』101, 韓国日本学会, pp.17 -32

_____(2015a)「ピア・ラーニングにおける教師の役割 – 学習者の内省記録から」『日本語教育研究』32, 韓国日語教育学会, pp.23- 37

_____(2015b)「ピア・ラーニングにおける内省シェアリングの試み – 内省活性化に向けて」『日本語文學』71, 日本語文学会, pp. 117-142

_____(2016)「内省シェアリングを通したメタ内省の実践的試み – 日本言語と文化の授業において」『日本文化研究』59, 東アジア日本学会, pp.43-66

_____(2017a)「授業実践における内省活動の検討 – 日本語・日本文化の授業を対象に」『比較日本学』40, 漢陽大学校日本学国際比較研究所, pp.217-238

_____(2017b)「内省活動のデザインに向けた実践的提案 – 日本語・日本文化の授業実践における内省活動の分析から」『日本語教育研究』41, 韓国日語教育学会, pp.41-59

_____(2018b)「日本語授業における協働的内省活動の実践報告 - 能力・資質の育成に向けた内省活動の可能性」『日本研究』77, 韓国外国語大学校日本研究所, pp.213-244

朴英淑・足立涼子(2004)「授業改善を目指した内省活動-同僚との協働的活動を通してー」『日本語教育』27, 韓国日本語教育学会, pp.19-38

込宮麻紀子(2015)「学習者は協働的学習をどのように体験したのか-韓国の大学における日本語会話クラスでの振り返りシートの質的分析」『日本語教育研究』31, 韓国日語教育学会, pp.241-258

倉持香(2012)「中級日本語会話でのピア・フィードバックの試み-三段階のフィードバックを通して」『日本言語文化』21, 韓国日本言語文化学会, pp.167-190

_____(2014a)「内省活動から見た学習者の情意面と教師の役割-韓国の大学の教養科目における初級日本語学習者を中心に-」『日本言語文化』27, 韓国日本言語文化学会, pp.95-116

_____(2014b)「教養初級日本語クラスにおける内省活動分析 - 学習レベルとの違いに焦点をあてて - 」『日本言語文化』29, 韓国日本言語文化学会, pp.198-222

坂口清香(2015b)「学習者主体の作文授業-自分に向き合い、自分を表現する授業の実践報告」『日本言語文化』30, 韓国日本言語文化学会, pp. 53-70

堀田有香(2014)「自己評価活動における教師のコメントの効果-協同学習での教師のコメントが学習者の会話パフォーマンスに与える影響」『日本文化学報』60, 韓国日本文化学会, pp.117-134

6. ティームティーチングに関する研究

강은경(2008)『원어민 교사를 활용한 고등학교 일본어과 수업의 효용성에 관한 연구』고려대학교 교육대학원 석사학위논문

朴英淑・足立涼子(2004)「授業改善を目指した内省活動-同僚との協働的活動を通して―」『日本語教育』27, 韓国日本語教育学会, pp.19-38

박준효(2004)『원어민 교사와의 협동수업(Team Teaching)을 통한 효과적인 일본어 교육에 관한 연구』고려대학교 교육대학원 석사학위논문

_____(2005)「원어민 교사와의 협동수업을 통한 효과적인 일본어교육에 관한 연구」『日本研究』4, 고려대학교 글로벌일본연구원, pp.73-90

장지현(2007)『고등학교 일본어 교육과 異文化커뮤니케이션 연구 -원어민과의 팀티칭(Team-Teaching)을 통한 수업 모형 시안-』全南大學校・教育大學院 석사학위논문

石倉綾子(2003)『일본어 원어민 교사와 한국인 교사의 협동수업(team-teaching)에 관한 연구』고려대학교 교육대학원 석사학위논문

大塚薫・朴敏瑛・李暻洙(2011)「画像参加型日本語講読ティームティーチング授業における日本語母語話者教授者の役割」『日本学報』86, 韓国日本学会, pp.99-107

大塚薫・金才鉉(2008)「日本語母語話者教授者参加型遠隔ティーム・ティーチング授業の試み」『メディア教育研究』第5巻第1号, 独立行政法人メディア教育開発センター, pp.115-121

大塚薫・李暻洙・金才鉉(2008)「遠隔ティーム・ティーチング授業実践-高等教育における日本語母語話者教授者参加型画像授業-」『日語教育』第45輯, 韓国日本語教育学会, pp.83-97

門脇薫(2008)『한국 고등학교에 있어서 일본어 협동수업 연구』동덕여자대학교 대학원 박사학위논문

検校裕朗・戸張きみよ(2007)　「大学の『教養日本語』におけるティームティーチングアシスタントを導入したティームティーチングの試み」『日本語教育研究』13, 韓国日語教育学会, pp.111 -127

小笠克之(2011)　「韓国の大学における日本語教育ティームティーチングアシスタント制度導入の試み」『日語日文學』49, 大韓日語日文学会, pp.25-40

沢邊裕子・金姫謙(2005)、韓国の中等教育段階における日本語母語話者参加の実際とその意義」『国際交流基金・日本語教育紀要』1, 国際交流基金, pp.115-129

本多美保(2014)　「ティームティーチングにおける教師の要件―韓国四年生大学の教養日本語授業を対象として」『日本文化研究』52, 東アジア日本学会, pp.456-474

　　　　(2015)　「ティームティーチングにおける母語話者教師の要件　-韓国四年制大学の教養日本語授業を対象として」『日本語教育研究』33, 韓国日語教育学会, pp.59-76

　　　　(2016)　「教養日本語における学習者の期待要素-母語話者教師と非母語話者教師を対象として」『日本語教育研究』37, 韓国日語教育学会, pp.177-196

7. 評価に関する研究

金志宣(2011b)　「ピア・ラーニングにおける自己評価の試案 -「Can-do」を活用した相互行為の自己評価」『日本近代学研究』34, 韓国日本近代学会, pp.85-100

倉持香(2012)　「中級日本語会話でのピア・フィードバックの試み-三段階のフィードバックを通して-『日本言語文化』21, 韓国日本言語文化学会, pp.168-190

小林安那(2017)「韓国人日本語学習者を対象とした会話授業におけるピア・フィードバックの試み-事前・事後アンケートの結果をもとに」『比較日本學』41, 漢陽大学校日本学国際比較研究所, pp.207-224

斉藤麻子・若月祥子(2014)「情報を伝えることを意識したプロジェクトワークの試み」『日本言語文化』28, 韓国日本言語文化学会, pp.297- 314

坂口清香(2015b)「学習者主体の作文授業-自分に向き合い、自分を表現する授業の実践報告」『日本言語文化』30, 韓国日本言語文化学会, pp. 53-70

佐藤揚子(2012b)「オンライン日本語作文教育における教師のフィードバックの効果—中級前期学習者のケーススタディ」『日語日文學研究』80, 韓国日語日文学会, pp.263-282

＿＿＿＿＿＿(2013b)『オンライン日本語作文教授法-ピア・レスポンス活動-』경희대학교 대학원 박사학위논문

堀田有香(2014)「自己評価活動における教師のコメントの効果-協同学習での教師のコメントが学習者の会話パフォーマンスに与える影響」『日本文化学報』60, 韓国日本文化学会, pp.117-134

若月祥子・大塚薫(2012)「読み手を意識した作文授業の試み - 日本人学生を遠隔チューターとして -」『日本学報』93, 韓国日本学会, pp.43-52

8. ピア・リーディングに関する研究

金文嬉(2009)『日本語教育における「協同學習」の活用 :『徒然草』を中心として』경북대학교 교육대학원 석사학위논문

성필연(2003)『협동학습을 통한 일본어 읽기 능력 향상에 관한 연구』경상

대학교 교육대학원 석사학위논문

辛銀眞(2013a) 「日本語ディベート授業の学習者評価-授業満足度と
関連して-」『日本語教育研究』25, 韓国日語教育学会, pp.159-
174

_____(2013b) 「学習者の親疎が協働学習に及ぼす影響 - 日本語ディ
ベートのトピック設定過程を通して - 」『日本言語文化』25,
韓国日本言語文化学会, pp.297-318

李賢珍(2014) 「読解授業におけるピア・リーディングの実際と効果
- 相互作用分析(IPA)による話し合いプロセス分析を通して
- 」『日本学報』101, 韓国日本学会, pp.59-73

石塚健(2009) 「韓国語母語話者の学習者を対象としたジクソー学習
法による読解授業の試み」『日語日文學』44, 大韓日語日文学
会, pp.183- 200

_____(2010) 「ピア・リーディングによる読解授業の問題点を探る―
JFL環境で学ぶ韓国語母語話者の学習者を対象とした実践を
通して」『日語日文學』47, 大韓日語日文学会, pp.171-187

古賀万紀子・青木優子(2011) 「大学の日本語会話授業における「論理
的表現力の育成」-グループディスカッション・ディベード
プレゼンテーションを中心とした教科書の開発」『日本語學
研究』30, 韓国日本語学会, pp.1-20

込宮麻紀子(2015a)「学習者は協働的学習をどのように体験したのか
-韓国の大学における日本語会話クラスでの振り返りシー
トの質的分析」『日本語教育研究』31, 韓国日語教育学会, pp.
241-258

_____(2015b)「協働的実践研究における実習生の学びの意味づけ
―実習1年半後に行った元実習生へのインタビューから」『日
本言語文化』34, 韓国日本言語文化学会, pp.13-40

酒井かをり(2015) 「読解授業における協働学習の試み-実践調査を中

心に-」상명대학교 대학원 석사학위논문(祥明大学 大学院 修士
論文)

坂口清香(2015) 「学習者主体の作文授業-自分に向き合い、自分を表
現する授業の実践報告」『日本言語文化』30, 韓国日本言語文
化学会, pp. 53-70

角ゆりか・大田祥江(2015) 「就職のための日本語授業における協働
学習の活用 -「自己分析」構築に着目して - 」『日本語教育研
究』32, 韓国日語教育学会, pp.119-136

玉岡由子(2011) 「読解授業におけるピア リーディングの試み-大学
の初級日本語学習者を対象に」『日本語学研究』32, 韓国日本
語学会, pp. 51-67

中島忍(2018) 「ビジネス日本語会話の授業におけるジグソー学習法
の試み」「日本語文学」83, 韓国日本語文学会, pp.45-62

9. 韓国のICT環境を活かした実践研究

박효경(2017)「사이버대학교 일본어작문수업의 현황과 과제-H사이버대학
교 중상급 작문수업의 사례를 중심으로-」『日本語文学』72, 韓国
日本語文学会, pp.45-65

백이연(2017) 「ブラックボードを活用した協働学習の実践」『日本語
教育研究』38, 韓国日語教育学会, pp.95-111

辛銀眞(2015)「教養日本語」の教室活動に関する一考 -学び合えるグ
ループ・ワークの作り方 - 」『日本語教育研究』33, 韓国日語
教育学会, pp.171-190

_____(2016a)「グループ活動を取り入れた日本語授業の試み-学生の
活動評価を中心に-」『日本語學研究』47, 韓国日本語学会, pp.
35-55

_____(2016b)「ブレンデッドラーニング授業の設計と運営」『日本語

教育研究』37, 韓国日語教育学会, pp.119-138

鄭惠先・恩塚千代(2012) 「日韓両言語学習間の役割語相互学習-オンライン協働翻訳活動の分析と評価-」『日語日文學研究』82(1), 韓国日語日文学会, pp.517-538

鄭惠先・恩塚千代(2013) 「SNSを利用した相互学習の効果と課題-日韓両言語学習者の協働的活動を例として-」『日本語教育研究』27, 韓国日語教育学会, pp.177-194

相澤由佳・澤邉裕子(2015) 「日本人大学生との交流を取り入れた作文授業-「外国語学習のめやす」に基づいた実践報告」『日語日文學研究』95, 韓国日語日文学会, pp.377-400

大塚薫, 王勇萍, 林翠芳, 斉藤麻子, 若月祥子(2016) 「産学官の専門家による日韓中協働遠隔日本語授業の試み」『日本語学研究』47, 韓国日本語学会, pp.73-89

大塚薫・朴敏瑛・李暻洙(2011) 「画像参加型日本語講読ティームティーチング授業における日本語母語話者教授者の役割」『日本学報』86, 韓国日本学会, pp.99-107

尾崎ちえり(2017) 「韓国の大学の日本語クラスにおける合意形成を目指した話し合い活動の試み-WEBサイト作成プロジェクトを通して-」『日語日文學』74, 大韓日語日文学会, pp.123-141

斉藤麻子・大塚薫・若月祥子・林翠芳(2013) 「Skypeを使ったアカデミック日本語授業の試み-日韓協定校の事例」『日本言語文化』25, 韓国日本言語文化学会, pp.225-243

斉藤麻子・若月祥子(2014) 「情報を伝えることを意識したプロジェクトワークの試み」『日本言語文化』28, 韓国日本言語文化学会, pp.297- 314

田畑光子(2014) 「学習者間の評価活動を取り入れた日本語作文授業実践研究 -「lino」を活用したピア・レスポンスの成果 - 」『比較

日本學』31, 漢陽大学校日本学国際比較研究所, pp.335-361

八野友香(2013b) 「サイバー大学におけるBlended・learning研究--リアルタイム型オンライン授業を活用した日本語作文授業の実천実践事例を中心に」『日本語教育研究』27, 韓国日語教育学会, pp.207- 226

_____(2016)「サイバー大学における日本語作文授業-学習環境デザインの観点から-」『日語日文學研究』98, 韓国日語日文学会, pp.229-247

若月祥子・大塚薫(2012) 「読み手を意識した作文授業の試み - 日本人学生を遠隔チューターとして - 」『日本学報』93, 韓国日本学会, pp. 43-52

10. その他の研究

蔡京希(2017)「韓国における紙芝居の文化史と実践の試み」『日本語教育研究』38, 韓国日語教育学会, pp.187-201

小松麻美(2017)「絵本の翻訳ディスカッションにみる『絵』の働き」『日本文化研究』64, 東アジア日本学会, pp.5-24

斉藤麻子・若月祥子(2014)「情報を伝えることを意識したプロジェクトワークの試み」『日本言語文化』28, 韓国日本言語文化学会, pp.297-314

西岡裕美(2014)「デジタルストーリーテリングプロジェクトにおける 日本語協働学習-ノービスはエキスパートの学習にどう貢献できるか」『日本語教育研究』28, 韓国日語教育学会, pp.23-44

福冨理恵(2012)「絵本を使ったグループ作文の試み」『日本語文學』58, 日本語文学会, pp.103-120

Nishioka(2012)「Japanese language learning in a collaborative digital storytelling project at a South Korean college」『Monash University Linguistic Papers』8(2), pp.65-80

おわりに
– 協働学習実践の動向と展望

舘岡洋子

1. 協働学習の日本における主な動向

　筆者は日本で活動しているため、ここでは主に日本での協働学習の動向を概観します。

　日本語教育において、グループで行う学習は、以前から教室活動としていろいろな場面で実践されてきました。しかし、「協働」をキーワードとし、教師主導でなく学習者を主体とした教室活動として明確なコンセプトを持ち、「協働学習」や「ピア・ラーニング(peer learning)」という名のもとに実践されるようになったのは、1990年代の終わりから2000年ごろからでしょう。この背景には、教師たちの関心が「どう教えるか」ということから、「学習者自身がどのように学ぶか」ということへ移ってきたこと、つまり、教師による教授法から学習者による学習法へと転換してきたということがあります。つまり、教師は何をどのように教えるかではなく、学習者が自ら学べるようにどう学習環境をデザインし、どう支援をするかということが重要になってきたのです。そこで、学習者同士の学び合いを支援するという立場から、協働学習が盛

んになってきたといえるでしょう。作文の教師添削から学習者同士のフィードバックへの転換を狙ったピア・レスポンスは池田(1998)、また、仲間と読むピア・リーディングは舘岡(2000)あたりから、具体的な教室活動として提案され、舘岡(2005)、池田・舘岡(2007)でひとつのピークを迎えたと言えます。このころには、作文や読解にかぎらず、日本語使用の体験後に仲間と内省を行う「ピア内省」(金2008)が提案されたり、プロジェクト・ワークのような統合的な学習を協働で行い、結果として4技能(読む、書く、話す、聞く)を学ぶような活動が実践されたり研究されたりしました。

　2000年代以降は、「協働」は教室内活動としてのみではなく、人と人、人とコミュニティ、あるいは、コミュニティ間のものとして語られるようになってきました。たとえば、地域の行政と地域日本語教室との協働などのようにある団体やコミュニティ間の協働として、また、教師間の協働のように異なった者同士の協働といった場面でのキーワードとして語られることが増えてきています。グローバル化時代といわれる現代にあって、人々の多様性、異質性はさらに拡大し、解くべき問題も複雑化している中では、個人の努力では到底、問題解決には至らず、異なった者たち同士がそれぞれの異なった強みを発揮し協働して解決し、新たな解を模索していかなければなりません。

　こうした中、ある意味で「協働」は当たり前となり、協働をめぐる議論も拡散してきているといえるでしょう。そのような文脈の中で教室活動としての協働学習自体もかつてに比べると多様化し、それぞれのめざすところや活動のあり方も変容してきているといえます。教室活動としては、同じようにグループ活動を中心としていても、めざすところや活動の目的などは、それぞれ異

なっている場合も多く、それぞれの協働する意味も違ったものとなっています。何のための協働なのか考えながら協働学習をデザインしていく必要があるでしょう。

2. 協働学習の広がりと再考

　現在、「協働学習」と言われているものも、その内実はひとつではないのは、前述のとおりです。そこで、いくつかの論点から「協働学習」を再検討してみましょう。

　2012年のアカデミック・ジャパニーズ研究会と協働実践研究会の合同開催のときの舘岡の発表をもとに、その後の検討も加え、「協働学習」を再考してみたいと思います。

　協働学習の協働には、「協同」という漢字を当てている場合もあります。たとえば、関田・安永(2005)では、「協働」ではなく「協同」の漢字を用い、「協同学習(Cooperative Learning)」の定義として、「協力して学び合うことで、学ぶ内容の理解・習得を目指すと共に、協同の意義に気づき、協同の技能を磨き、協同の価値を学ぶ(内化する)ことが意図される教育活動を指す専門用語」としています。そこでは、①互恵的相互依存関係の成立、②二重の個人責任の明確化、③促進的相互交流の保障と顕在化、④「協同」の体験的理解の促進の4条件を満たすグループ学習であると説明されています。

　また、尾澤は、『新教育事典』の中で、「コラボレーション」を「複数の人間が対話を通して、単独ではなしえない、あるいは単独ですると困難な新しい意味や価値を創造する活動。コミュニケーションのなかでも、とくに新たな価値の創造や、知識の構築と

いった人の賢さにかかわる側面をもつ」としています(注1)。

　舘岡(2005)は、「協働(collaboration)」を「互いに協力して何かをつくりあげる創造的な活動を行うこと。」と定義し、「ひとりではなしえなかった創発がおきる」としています。

　池田(2007)では、協働のキーワードとして、①対等性、②対話、③プロセス、④創造、⑤互恵性の5点をあげています。

　これらの定義を参考に、何のために協働するのか、そこでの学習観はどのようなものか、という観点から協働学習を見直したとき、「学習」を習得と見るか、創造と見るか、「協働」のメリットを認知面から見るか、情意面から見るかによって、図1のようなマトリックスを描くことができます。

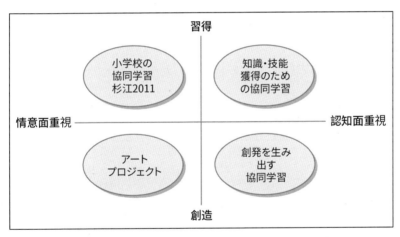

<図1> 多様な「きょうどう」学習(その1)

　たとえば、杉江(2011)などの授業実践の内容をみると、小学校での「協同学習」では、あらたなものを創造するというよりむしろ必要なことをきちんと習得することを重視し、個人の認知的側面よ

りむしろ互いに協力し合うといった情意的側面を重視しているように見えます。また、大学で行われるアカデミック・ジャパニーズとしての協働学習では、ピア・レスポンスの場合、文章構成や論理展開など作文の書き方の習得をめざしていれば、習得と認知重視のゾーンに入ります。しかし、同じ大学生を対象としても、たとえば、対話をとおした思考の深化や新たな意見の創出をめざしていれば、創造と認知面重視のゾーンに入ります。

　図1をもう少し詳しく書くと、図2のようになります。つまり、「習得」と「創造」の縦軸では、「習得」に向かうほど、ある一定の習うべきことを身に付けることをめざし、日本語の言語知識や技能を獲得しようとします。そのため、授業はより構造化されたものとなるでしょう。それに対して、「創造」に向かうほど、自分の主張を発信することになり、自分らしいオリジナルなものを生み出すことが重視されます。そのため授業の構造化は、「習得」にくらべて小さくなり、参加学生たちの自由度が大きくなるでしょう。

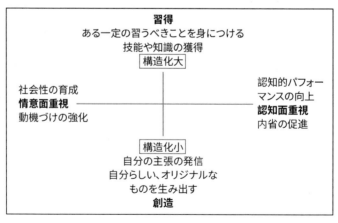

<図2> 多様な「きょうどう」学習(その2)

また、「認知面重視」と「情意面重視」の横軸では、「認知面重視」に向かうほど、認知的パフォーマンスの向上がめざされ、思考の深化や内省の促進が大切になってきます。その反対に、「情意面重視」に向かうほど、他者との協力による社会性の育成や動機付けの強化が大切になってくるでしょう。

　実際に、いろいろな協働学習の実践をこのマトリックスに当てはめてみると、どうでしょうか。単にグループ活動として同じように見えても、互いにどこが異なっているのか、それぞれの立ち位置が可視化されるのではないかと思います。しかし、注意しなければならないのは、実際には、かならずしも習得と創造が対立しているわけではなく、また、認知面重視と情意面重視とが対立しているわけでもないということです。分析の観点として図1、図2のように提示しましたが、実践の場では、むしろそのような二項対立を越えていくところに協働学習の意義があるといえるのではないかと思います。

　次に、中国での議論を参照しつつ、多様な協働学習についてさらに考えてみたいと思います。北京協働実践研究会(注2)の推進者に朱桂栄がいます。朱・砂川(2010)では、今までの中国の学習スタイルは、正確さを求めるものであり、学習者たちはよい成績をとることをめざしており、他者といっしょに学ぶというよりは、独立型で競争的な学習観をもっている者が多いと書かれています。そのような中で、中国の日本語教育でも協働学習が注目され、その実践も増えてきていますが、日本で主張されているような創造性が重視されるような協働学習はあまり実践されておらず、中国の教育風土には合わないという声も多くあるといいます。協働学習の定義では、創造性を主張するものも多く、先に紹介した舘

岡(2005)でも、協働は「互いに協力して何かをつくりあげる創造的な活動を行うこと」と定義し、そこでは、「ひとりではなしえなかった創発が起きる」と述べています。だとすると、中国で行われているグループの学習は協働学習とはいえないのか、日本と中国との背景の違いや言語教育観の認識の違いなどの中で、朱は協働学習そのものについての疑問を強くもつようになったそうです。そこで、さまざまな現場で授業観察をしたり、教師たちとの座談会を行ったりし、そこからひとつの解釈に至ったといいます。それは、協働学習には、「互助型協働学習」と「創造型協働学習」という2つの側面があるということです。「互助型協働学習」とは、「正解を得るために、あるいは、早く正しく課題を完成させるために、互いに情報を提供し、助け合う学習方法」であり、一方「創造型協働学習」とは、「正解のない課題に対し、互いに意見や考えを述べ合い、新しい認識を得、創造性のある結論を導く学習」としています(朱2016)。

　両者の違いは、「正解がある課題かどうか」に端的に表れているといえるでしょう。今まで中国で協働学習として中心的に行われてきたものは、正解がある課題を解くというもので、それをグループで相談して答えを出し、グループ間で早さや正しさを競ったりしていた互助型協働学習だったというわけです。そして、創造型協働学習のほうが互助型協働学習よりも進んだ優れた学習方法である、とは、かならずしもいえない、どれをとるかは学習者のレディネス、ニーズ、教育目標、教育内容によるし、また、教師の教育観にもよると朱は述べています。

　朱による2つの協働学習の命名には、なるほどと思わされます。それと同時に、「互助型協働学習」を経験している中で、「創造型協

働学習」につながっていくのではないか、と筆者自身は考えています。たとえば、数学のように最終的な答えが1つだとすれば、正解を得るための協働学習、つまり、互助型協働学習といえるのかもしれませんが、1つの正解に至るまでの解法という観点からみれば、多様な解法があり、それを開示し可視化して学び合うことができれば、創造型協働学習となりえます。

　教師としては、自身が何のために協働学習をするのか、何をめざしているのかを明確にしなければなりません。そのうえで、学習者たちにふさわしい学習方法を選択するべきで、創造型人材を育成するという目標を掲げながら、互助型協働学習ばかりを実践していては、その効果は期待できないといえるでしょう。

　朱の議論をさきほどの図2のマトリックスに合わせてみると、縦軸の習得と創造の議論と重なります。互助型協働学習とは習得の方向を示し、創造型協働学習とは創造の方向を示しているといえます。先にも述べたように、分析の観点としてマトリックスを示しましたが、両極の二項対立を越えていくことこそ重要なことだといえるでしょう。創造型協働学習だからといって、習得が行われないわけではなく、グループの仲間をリソースとして互いに学び合うので、習得も行われるといえます。つまり、互いに学び合いがある中で新たなものを生み出すということもあります。また、情意面と認知面も実は二項対立的なものではなく、互いに一体化したものであります。認知面というのは個人の認知的能力の向上をめざしているわけですが、同時に認知的に達成したことに関する喜びも生まれるので、情意面ともつながっています。それは、わかる喜び、わかったことを仲間と共有する喜びとなるでしょう。

分析の観点として、図1、図2にマトリックスを示しましたが、実践の場ではこれらの二項対立を越えて、図3のように、習得と創造が一体化されること、認知面と情意面が一体化されることをめざすべきでしょう。その際に、教師は、何をめざして協働するのか、なぜ協働学習なのか、をたえず自覚的に問い続けるべきだと思います。

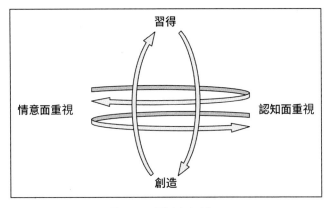

<図3>　二項対立を越えて

　今まで見てきたように、異なった価値観をもつものが混在しているのが協働学習の現状であるとすると、教師によって多様な協働学習があると同時に、ひとりの教師/研究者の中での変容がおきていることもあります。広瀬(2015)は、ピア・レスポンスを実践した自身の初期の研究を再考し、当時主流の考え方であったフィードバックとしてのピア・レスポンスが協働やプロセス重視の理念と矛盾していたことを批判的に論じています。つまり、広瀬(2015)のように、90年代後半から20年の年月を経た現在、同じ実践者であっても、教育観の変化とともに実践の内容が大きく変

化している場合もあります。

　協働学習とひとことで言っても、その立ち位置やめざすところ
の多様性から、協働学習の実践者の間でも議論がかみ合わないこ
ともあります。より深い議論のためには、教師たちそれぞれの協
働学習における教育観を明確にする必要があるでしょう。

3. 協働学習を実践する教師たちの協働—韓国と日本の 協働実践研究会

　教師たちが自らの協働学習の実践の改善をするためには、各自
が研鑽を積み内省を重ねていくと同時に、互いに学び合う場が必
要となります。協働学習に関するそれぞれの実践を開示し、互い
に学ぶことができるように、日本では、2010年に池田、舘岡、近
藤、岩田、金を中心とするメンバーによって「協働実践研究会」
(http://kyodo- jissen-kenkyukai.com/)が立ち上げられました。その
後、毎年、国内外で講演や発表会、ワークショップなどが開催さ
れています。現在では、韓国、台湾、中国、マレーシア、モンゴル
等々、海外でも各地に協働学習を推進するべく協働実践研究会が
設立され、活発な実践研究活動とその共有が行われています。

　「はじめに」の中で池田玲子氏が韓国での協働実践研究会につい
て述べていますが、韓国では、2010年に協働実践研究会が設立さ
れ、同年10月21日に第1回研究会が開催されました。2013年には
池田玲子氏が、第24回韓国日語教育学会(KAJE)国際学術大会におい
て、「日本語教育のピア・ラーニング・創造的学びの理論と授業デ
ザインの実際」というタイトルで基調講演をしています。その後、

この講演をもとにして、2014年に招待講演原稿として「グローバル社会におけるアジアの日本語教育への提案・－創造力、社会力の育成のためのピア・ラーニング」として、『日本語教育研究(韓国日語教育学会：KAJE)』29, 7-24. に掲載されました。

　また、2015年には舘岡が同じく韓国日語教育学会国際学術大会において、「日本語授業における協働の学びの場のデザイン——なぜ協働するのか」と題して、基調講演をしました。その後、同講演は、日本語授業における協働の学びの場のデザイン——「なぜ協働するのか」を問い直す」として、『日本語教育研究(韓国日語教育学会：KAJE)』35, 7-21. に掲載されました。2015年の大会では、1つの部屋では協働をテーマとして複数の発表が行われ、活発な議論が展開されました。

　このように韓国と日本の協働実践研究会の活動は、緩やかな連携をしつつ、それぞれの活動を続けています。

　協働学習は、先に述べたようにめざすものや教育観の違いから、また、対象となる学習者たちの違いから、教室で行われている実践も多様なものになっています。そのさい、どんなフィールドでどんな学習者を対象に、何をめざしてその実践を行ったのか、その実践ではどのような工夫をしたのか、自身の実践とその内省を語ることによって、それは他者にも役立つと同時に自身の内省の深化をもたらすでしょう。つまり、学習者に協働学習を促す教師たちは、教師たち自身が互いに協働して学び合う必要があるのです。

　これからの社会は、ますます多様化が進み、背景や価値観が異なった人々が共生していく時代になっていきます。問題の解決が複雑で困難になったときは、自分ひとりでは解決できません。そ

のとき、自分と異なった他者の力こそ必要になるでしょう。難しい問題を解決し、新たなものを生み出していくには、他者と協働する力こそが重要であり、協働学習はその力を養ってくれる学び方だと思います。日本語教育は、ことばを覚えたり運用したりするためのものではなく、人と人が協力し合って新しい社会を創っていくためのものであるならば、協働学習はこれからももっと進化していくべきものでしょう。そして、そのような協働学習を担う教師たちは、自身の授業実践を対象とした実践研究をし、教師たちの実践コミュニティの中で自身の実践を開き、他者との対話の中で自身の実践を省察していかなければなりません。学習者の協働を支える教師にとっても、教師同士の協働は必然なのです。

注

注1：尾澤重知(2002)「コラボレーション」の項、参照のこと。遠藤克弥　監修『新教育事典』勉誠出版, pp.309-314

注2：北京協働実践研究会・http://kyodo-jissen-kenkyukai.com/?page_id=88

参考文献

池田玲子(1998)「日本語作文におけるピア・レスポンス」『拓殖大学日本語紀要』8, 拓殖大学留学生別科, pp.217-240

池田玲子(2007)「ピア・レスポンス」池田玲子・舘岡洋子『ピア・ラーニング入門―創造的な学びのデザインのために』ひつじ書房, pp.71-109

池田玲子・舘岡洋子(2007)『ピア・ラーニング入門―創造的な学びのデザインのために』ひつじ書房

金孝卿(2008)『第二言語としての日本語教室における「ピア内省」活動の研究』ひつじ書房

杉江修治(2011)『協同学習入門』ナカニシヤ出版

朱桂荣・砂川有里子(2010)「ジグソー学習法を活用した大学院授業における学生の意識変容について―活動間の有機的連携という観点から」『日本語教育』145, 日本語教育学会, pp.25-36

朱桂栄(2016)「北京での協働実践からの学び」パネルセッション『協働の学びを捉え直す』2016年日本語教育国際研究大会パネル発表予稿集

舘岡洋子(2000)「読解過程における学習者間の相互作用―ピア・リーディングの可能性をめぐって」『アメリカ・カナダ大学連合日本研究センター紀要』23, pp.25-50

舘岡洋子(2005)『ひとりで読むことからピア・リーディングへ―日本語学習者の読解過程と対話的協働学習』東海大学出版会

広瀬和佳子(2015)『相互行為としての読み書きを支える授業デザイン―日本語学習者の推敲過程にみる省察的対話の意義』ココ出版

関田一彦・安永悟(2005)「協同学習の定義と関連用語の整理」『協同と教育』1, 日本協同教育学会, pp.10-16

執筆者紹介

● 池田玲子 (いけだ れいこ)

　執筆担当：推薦のことば、はじめに

　現在：鳥取大学 教育支援・国際交流推進機構 国際交流センター

● 岩井朝乃 (いわい あさの)

　執筆担当：第1部(3)、第Ⅱ部(実践事例5、9)

　現在：弘益大学校 教養外国語学部

● 大田祥江 (おおた よしえ)

　執筆担当：第Ⅱ部(実践事例8：共同)

　現在：国際交流基金 バンコク日本文化センター

● 金志宣 (きむ ちそん)

　執筆担当：第Ⅰ部(5)、 第Ⅱ部(実践事例3、6)

　現在：梨花女子大学校 人文科学大学 日本言語文化連携専攻

● 倉持香 (くらもち かおる)

　執筆担当：第Ⅰ部(2)、第Ⅱ部(実践事例7)、第Ⅲ部(共同)

　現在：Volkshochschule Augsburg、Enjoy JDK language academy(ドイツ)

- 齊藤明美 (さいとう あけみ)

  執筆担当：第Ⅱ部(実践事例10)
  現在：翰林大学校　日本学科(名誉教授)

- 趙宣映 (じょ そんよん)

  執筆担当：第Ⅱ部(実践事例4)、第Ⅲ部(共同)
  現在：仁川大学校　日語教育科

- 角ゆりか (すみ ゆりか)

  執筆担当：　第Ⅰ部(6)、第Ⅱ部(実践事例8：共同)
  現在：明知専門大学校　日本学科

- 関陽子 (せき ようこ)

  執筆担当：第Ⅰ部(4)、　第Ⅱ部(実践事例1)
  現在：漢陽大学校　日本学科

- 舘岡洋子 (たておか ようこ)

  執筆担当：おわりに
  現在：早稲田大学　日本語教育研究科

- 奈呉真理 (なご まり)

  執筆担当：本書の構成、第Ⅰ部(1)、第Ⅱ部(実践事例2)
  現在：慶熙大学校　ホテル観光大学　文化コンテンツ学科

協働学習の授業デザインと実践の手引き

초판 인쇄 2020년 1월 2일
초판 발행 2020년 1월 10일

편   저 | 韓国協働実践研究会
펴 낸 이 | 하운근
펴 낸 곳 | 學古房

주   소 | 경기도 고양시 덕양구 통일로 140 삼송테크노밸리 A동 B224
전   화 | (02)353-9908 편집부(02)356-9903
팩   스 | (02)6959-8234
홈페이지 | http://hakgobang.co.kr/
전자우편 | hakgobang@naver.com, hakgobang@chol.com
등록번호 | 제311-1994-000001호

ISBN   978-89-6071-938-5   93730

값 : 15,000원